Tobias Huch

KURDISTAN

Ich widme dieses Buch meiner Mutter und meinem Vater:
Ohne eure Unterstützung gäbe es dieses Buch nicht.
Danke.

Tobias Huch

KURDISTAN

Wie ein unterdrücktes Volk den Mittleren Osten stabilisiert

riva

Bibliografische Information der Deutschen Nationalbibliothek:
Die Deutsche Nationalbibliothek verzeichnet diese Publikation in der Deutschen Nationalbibliografie; detaillierte bibliografische Daten sind im Internet über http://d-nb.de abrufbar.

Für Fragen und Anregungen:
info@m-vg.de

Wichtiger Hinweis
Ausschließlich zum Zweck der besseren Lesbarkeit wurde auf eine genderspezifische Schreibweise sowie eine Mehrfachbezeichnung verzichtet. Alle personenbezogenen Bezeichnungen sind somit geschlechtsneutral zu verstehen.

Originalausgabe
3. Auflage 2024

Türkenstr. 89
80799 München
Tel.: 089 651285-0

Redaktion: Alfred Hackensberger
Lektorat: Daniel Matissek, Sabine Franke
Umschlaggestaltung: Marc-Torben Fischer, München
Satz: Daniel Förster, Belgern
Druck: GGP Media GmbH, Pößneck
Printed in Germany

ISBN Print 978-3-7423-0427-8
ISBN E-Book (PDF) 978-3-95971-946-9
ISBN E-Book (EPUB, Mobi) 978-3-95971-947-6

Wir produzieren nachhaltig
www.m-vg.de

Weitere Informationen zum Verlag finden Sie unter
www.rivaverlag.de
Beachten Sie auch unsere weiteren Verlage unter www.m-vg.de

INHALT

TEIL II

AKTUELLE SITUATION DER KURDEN

TEIL III

WIRTSCHAFT UND PARTNER

KURDISTAN
Schwarzes Meer
TÜRKEI
Dêrsim
Amed
Entab
Nisêbîn
Suruç
Kobanê
Qamişl
Afrîn
Rojava
Minbic
Aleppo
Idlib
al-Raqqa
Şinc
Mittelmeer
SYRIEN
LIBANON
BEIRUT
DAMASKUS
ISRAEL
JORDANIEN

GERORGIEN
TIFLIS
RUSSLAND
ARMENIEN
ASERBAIDSCHAN
BAKU
JEREWAN
Kaspisches Meer
ee
Wan
Urmiasee
Zaxo
Duhok
Laliş
Barzan
Mahabad
IRAN
Erbil (Hewlêr)
ssul
Başûr
Dukan
Silêmanî
Kerkûk
Helebce
Rojhilat
IRAK
BAGDAD

VORWORT

Kurdistan. Vor dem Jahr 2014 verbanden viele mit diesem Begriff wohl am ehesten »Das wilde Kurdistan« von Karl May. Ich selbst habe diese orientalischen Reiseerzählungen des deutschen Erfinders von Winnetou und Old Shatterhand – wohl auch zum Glück – nicht gelesen. So konnte ich mich ganz vorurteilsfrei in mein persönliches Kurdistan-Abenteuer stürzen. Ich muss gestehen, dass für mich – als Politiker, Ex-Unternehmer und später hauptberuflicher Journalist – das Land ein weißer Fleck war.

Natürlich wusste ich, dass es Kurden und das sogenannte »Kurdenproblem« gibt, aber wirklich beschäftigt hatte ich mich damit nicht. Auch war ich nie in Kurdistan gewesen. Dann kam jedoch das Jahr 2014. Genauer gesagt, es war der Juni 2014. In diesem Monat wurde die Geschichte der gesamten Region neu geschrieben. Denn der sogenannte Islamische Staat (IS) überfiel den Irak. Zuerst überrannten die Terroristen nahezu kampflos Mossul, die zweitgrößte Stadt des Landes, da der Großteil der dort stationierten irakischen Armee davongelaufen war. Im August drangen die Extremisten in die Ninive-Ebene und in die Provinz Sindschar (Shingal) ein, den Lebensraum der ethnischen Minoritäten von Assyrern und Jesiden.

Ich erinnere mich noch gut: Es war eine Reportage des US-Nachrichtensenders CNN über den Vernichtungsfeldzug des IS, die mich damals, wie ein Schlag ins Gesicht, plötzlich wachrüttelte.

Am 2. August hatten die Dschihadistenhorden ihre Jagd auf die Jesiden begonnen. Hunderttausenden Jesiden war nur die panische Flucht geblieben, um ihr nacktes Überleben zu retten. Dabei sind die Jesiden traditionell friedfertige Menschen, die einer monotheistischen, nicht-aggressiven Naturreligion anhängen. Nun mussten sie in das Sindschar-Gebirge fliehen, ihren letzten Zufluchtsort, dorthin, wo sich ihre heiligen Tempel und Wallfahrtsstätten befinden.

Die Temperaturen lagen, wie im Sommer im Irak üblich, bei 50 Grad Celsius im Schatten. Das ist buchstäblich eine mörderische Hitze für alle jene, die nicht genügend Wasser bei sich haben. Hunderte von Jesiden verdursteten auf ihrem oft tagelangen Fußmarsch in die rettenden Berge. Mütter mussten sich entscheiden, welches ihrer Babys überleben durfte und welches sie zum Sterben zurückließen. Denn das Wasser, das zur Verfügung stand, reichte nur für ein Kind.

Die Not und das Elend der Flüchtlinge waren in einer Flut von Bildern und Videos im Internet zu sehen. Kinder brüllten nach Wasser. Menschen weinten vor Angst. Sie erzählten von Massenerschießungen und brutalen Entführungen durch den IS, die sie mit ansehen mussten. Helikopter flogen zwar pausenlos Lebensmittel und Wasser zu den Tausenden von Flüchtlingen auf dem Plateau des Sindschar-Gebirges. Aber die Hilfslieferungen reichten nicht. Voller Verzweiflung und Panik bestürmten Menschen die Hubschrauber, um ausgeflogen zu werden. Jeder in der Menge versuchte irgendwie einen Platz zu ergattern. Aber der Helikopter war binnen weniger Momente voll besetzt und musste abheben.

Ein Reporter von CNN, der mitgeflogen ist, hat zutiefst bewegende Bilder mit seiner Kamera eingefangen. Da sind die weiterhin angsterfüllten Blicke der Jesiden, obwohl sie der Hölle entkommen sind. Darunter ist ein kleines Mädchen, mit dunklen, weit aufgerissen Augen. Ihre schmalen Kinderlippen zittern, sie ringt panisch nach Luft, ihr Körper scheint kurz davor, zu kollabieren. Die Kamera fängt diesen Blick des Mädchens ein, von dem man nicht weiß, ob es überleben wird. Es ist ein schockierender Blick, der mir mitten ins Herz geht.

Diese Momente im Hubschrauber bedurften keiner Worte mehr. Sie lösten in mir eine Explosion aus. Wut, Verzweiflung, Hass und Hilflosigkeit kamen zuerst hoch, aber am Ende stand dann der feste Wille: Du musst etwas tun! Ich griff zum Telefon und rief Gunter Völker an, der in Erbil, der Hauptstadt der Autonomen Region Kurdistans, ein bekanntes Restaurant mit deutscher Küche unterhält. Er berichtete von Hunderttausenden von Flüchtlingen, denen in erster Linie sauberes Trinkwasser fehle. Daraufhin organisierten wir gemeinsam eine erste Wasserlieferung nach Erbil, die wir aus eigener Tasche finanzierten. Über Nacht baute ich eine Spendenseite im Internet auf, und meine politische Jugendorganisation, die Jungen Liberalen Rheinland-Pfalz, erklärte sich bereit, als transparente Sammelstelle zu fungieren. So konnten wir sofort helfen. Ab dem 26. August gingen die ersten Spenden ein. Nach zehn Tagen waren schon über 20 000 Euro gespendet worden. Kurz darauf war ich auf dem Weg in die Autonome Region Kurdistan. Das Flugzeug musste vor der Landung auf dem Flughafen von Erbil mehrmals kreisen, um sicherzugehen, dass es vom IS nicht abgeschossen werden konnte.

Nach diesem September 2014 habe ich die Autonome Region Kurdistan immer wieder besucht – mindestens ein Dutzend Male. Ich mag die Stadt Erbil mit ihrer Altstadt und der alles überragenden, imposanten Zitadelle. Ich kenne die Erdölmetropole Kirkuk mit ihren politisch-ethnischen Konflikten sowie das moderne Sulaimaniyya und natürlich auch Dohuk, das heute vorwiegend aufgrund seiner großen Flüchtlingslager bekannt ist. Unausweichlich waren während des Kriegs gegen den IS auch einige Frontbesuche bei Mossul, in Kirkuk und im Sindschar-Gebirge.

Zum Glück ist dieser Kampf heute zu Ende. In den zerstörten Dörfern und Städten hat der Wiederaufbau begonnen. Die Menschen im heute eher westlich orientierten, irakischen Teil Kurdistans glauben wieder an eine Zukunft. Sie sind offen geblieben, und ihre Gastfreundschaft ist nach wie vor legendär. Das mag mit daran liegen, dass die Bewohner dieser Region in einer multiethnischen und multireligiösen Gesellschaft groß geworden sind, was Toleranz lehrt.

Die Autonome Region Kurdistan steht Europa weit näher als dem Irak, zu dem sie de facto gehört. Es war deshalb nicht verwunderlich, dass die deutsche Bundesregierung für den Kampf gegen den IS Waffen nach Erbil schickte. Sie waren entscheidend im Krieg gegen die Extremisten. Vor allem dank deutscher Militärhilfe konnte der IS aus Kurdistan vertrieben werden. Eine ganz besondere Rolle spielten dabei die Panzerabwehrraketen vom Typ MILAN. Durch sie konnten die zuvor schier unaufhaltsamen Selbstmordattentäter mit ihren Autobomben zielgenau ausgeschaltet werden.

Die Geschichte der Kurden ist geprägt vom Kampf um Unabhängigkeit und dem Willen zur Freiheit. Ihr größter Wunsch ist ein unabhängiger, eigener Staat. Im Jahr 2017 glaubte die kurdische Unabhängigkeitsbewegung schon, dem Ziel einen entscheidenden Schritt näher gekommen zu sein. Im September des Jahres fand im Irak ein Referendum über die Unabhängigkeit der Autonomen Region Kurdistan statt. Ich war als offizieller deutscher Wahlbeobachter vor Ort, neben weiteren internationalen Wahlbeobachtern aus Großbritannien, Österreich, Polen und sogar Japan. Zufällig traf ich bei einer Wahllokalkontrolle auf den deutschen Generalkonsul, der sich ebenfalls einen Eindruck von der Wahl verschaffen wollte.

Das Referendum geriet zum vollen Erfolg für die Befürworter der Unabhängigkeitsbestrebungen: Über 90 Prozent der überwiegend kurdischen Bevölkerung votierte für die Unabhängigkeit – doch leider hatten sie die Rechnung ohne die westliche Staatengemeinschaft gemacht, die das Referendum nicht nur nicht anerkannte, sondern scharf kritisierte. Ein weiteres Mal ließ der Westen die Kurden wie eine heiße Kartoffel fallen (siehe Kapitel 12).

Infolge der verstärkten Bemühungen der Kurden um Unabhängigkeit befürchtete die irakische Regierung als Konsequenz des Referendums Separationsbestrebungen auch in anderen Landesteilen, und entschied sich für harte Gegenmaßnahmen. Im Verbund mit schiitisch-islamistischen Truppen aus dem Iran überfielen irakische Einheiten die kurdische Erdölstadt Kirkuk und vertrieben die dortigen kurdischen Einwohner – nicht ohne diverse Kriegsverbrechen zu begehen. Der Verlust von Kirkuk hat die Seele der Menschen in der Autonomen Region Kurdistan tief verletzt und die politischen Gräben zwischen ihnen und der irakischen Regierung in Bagdad erneut weit aufgerissen. Tatsache ist, dass an ein unabhängiges Kurdistan auf dem derzeitigen Gebiet des Irak erst einmal nicht mehr zu denken ist, Verhandlungen über eine Unabhängigkeit sind vorerst ad acta gelegt.

Dafür gibt es auf der anderen Seite der Grenze neue Hoffnungen. Im Norden Syriens hat sich eine Föderation mit basisdemokratischen Regierungen etabliert: die autonom agierende Demokratische Föderation Nordsyrien. In dieser Region leben zwar überwiegend Kurden, trotzdem ist das, was dort entstehen soll, kein reiner Staat für Kurden. Es handelt sich vielmehr um ein polyethnisches Projekt, an dem auch Araber, Assyrer und Turkmenen gleichberechtigt mitwirken.

Ich war in Nordsyrien, um die Entwicklungen rund um diese junge demokratische Regierung zu beobachten, deren Entwicklung schon deshalb spannend ist, weil dieses Staatsprojekt ohne kurdischen Nationalismus auskommen will. Schulen, Verwaltung und Krankenhäuser der Demokratischen Föderation Nordsyrien werden von den USA unterstützt. Im syrischen Teil Kurdistans hat es Washington also nicht nur bei der Militärhilfe für die Demokratischen Kräfte Syriens (DKS) belassen, sondern engagiert sich auch im Zivilleben. Zur Erinnerung: Die DKS (im Englischen SDF für Syrian Democratic Forces) haben mithilfe der USA den IS bekämpft und besiegt. Sie haben Rakka, die Hauptstadt des »Kalifats« des Islamischen Staates, von der Gewaltherrschaft der Terroristen befreit. (Die DKS, in denen Kurden, Araber und Christen Seite an Seite kämpfen, sind nicht mit den sogenannten »syrischen Rebellen« zu verwechseln, die, beispielsweise in Aleppo, jahrelang gegen das Regime von Präsident Bashar al-Assad Widerstand leisteten.)

Dieses Buch versucht einen genaueren Einblick in das syrische und das irakische »Kurdistan« zu geben. Wer sind diese Kurden, die wir als Partner des Westens im Mittleren Osten sehen, an vorderster Front unsere Freiheit und unseren Lebensstil gegen den Terror verteidigend? Welche Rolle können sie zukünftig im komplexen politischen Geschehen der Region spielen? Basierend auf vielen, teils vertraulichen Gesprächen werde ich nach allgemeinen Eingangskapiteln zu Geschichte, Politik und Struktur der Kurdengebiete auf die derzeitige Lage hinsichtlich der Presse- und Meinungsfreiheit, der Menschenrechte und der Rechte der Frauen insbesondere im irakischen Teil der Kurdenregion eingehen. Wie sieht es aus mit der Religionsfreiheit, und wie leben die verschiedenen konfessionellen Gruppen mit- und nebeneinander? Inwiefern dominiert der Islam die beiden Regionen und ist die Situation in Syrien und im Irak anders als bei den Nachbarn?

Im dritten Abschnitt des Buches zeige ich auf, wie die Autonome Region Kurdistan und die angrenzenden Kurdengebiete wirtschaftlich aufgestellt sind und warum gerade bei den irakischen Kurden eine so große Abhängigkeit von der Türkei zu beobachten ist. Ich hinterfrage die aktuellen Grenzen und die Haltung der Bundesregierung zur »territorialen Integrität« des Irak und zu ihrer umstrittenen Partnerschaft zum Iran und der Türkei. Der letzte Teil des Buches befasst sich damit, ob die Autonome Region Kurdistan überlebensfähig ist, und wenn ja, wie. Welche Rolle können die Kurden im gesamten Mittleren Osten zukünftig einnehmen, und welche Chancen bieten sie uns im Westen als Partner?

Der Glaube ist in dieser Region nach wie vor stark verwurzelt, er ist dort geradezu identitätsbestimmend. Das gilt insbesondere für die vielen Minoritäten, die bereits viele Jahrhunderte vor dem sunnitischen Islam existierten, der gegenwärtig den religiösen »Mainstream« im Mittleren Osten bildet. Das Kurdengebiet ist die Heimstätte von Jesidentum, Zoroastriern, Aleviten, Drusen und dem Judentum, um nur einige zu nennen. Es ist die Wiege vieler Kulturen – und nicht zuletzt deshalb sollte uns die Zukunft dieser Region nicht gleichgültig sein.

TEIL I

GESCHICHTE, POLITIK UND STRUKTUR

1. DIE GESCHICHTE DER KURDEN

Wer sind die Kurden? Woher stammen sie? Was sind ihre Anliegen? Das sind Fragen, die ich mir noch vor wenigen Jahren selbst gestellt habe. Zwar gab es schon damals in meinem Freundes- und Bekanntenkreis viele Kurden, die ich als solche aber gar nicht bewusst wahrgenommen habe. Für mich waren es einfach türkische Freunde, nichts weiter. Aus manchen Ecken waren in Bezug auf Kurden zwar dumme Sprüche wie »Wer nichts wurde, wurde Kurde« zu vernehmen, oder sie wurden als »Bergtürken« verspottet – aber ich habe das nicht näher hinterfragt. Erst später, als ich mich mit dem Thema Kurdentum eingehender befasst habe, wurde mir klar, dass solche flapsigen Sprüche und abwertenden Aussagen von hier lebenden Türken eine Folge der strikten Assimilierungspolitik in der Türkei waren. Denn die Herabwürdigung eines gesamten Volkes von annähernd 50 Millionen Menschen war Teil einer perfiden Strategie des türkischen Staates, die das Ziel verfolgte, den Kurden ihre Identität zu rauben. Man hat ihnen ihre eigene Sprache verboten, ihre Kultur durften sie nicht leben, ihre Namen wurden geändert und ihre Städte umbenannt. Bis heute leben Kurden in der Türkei nur dann unbehelligt, wenn sie sich als Türken ausgeben.

Im Nachbarland Syrien war die Situation ähnlich, wobei das Assad-Regime die Kurden jedoch nicht so aggressiv und brutal verfolgte, wie das bis heute in der Türkei geschieht. Auch in Syrien war es den Kurden offiziell nicht erlaubt, ihre Sprache zu benutzen. Sie konnten ihre Kinder nicht mit kurdischen Namen registrieren lassen, keine Firmen mit kurdischen Namen gründen, keine kurdischen Privatschulen eröffnen und keine Bücher und Materialien auf Kurdisch veröffentlichen. Erst durch den Bürgerkrieg hat sich das alles geändert. Die Rechte der Kurden auf ihre Sprache und Kultur wurden – wie die der christlichen Minderheit – in einer neuen Verfassung in Nordsyrien festgeschrieben.

Für mich war die Auseinandersetzung mit der wechselhaften, leidvollen und ereignisreichen Geschichte der Kurden sehr ergreifend und bewegend. Ich bin zeitlebens ein politischer Mensch gewesen, war von meinem 16. bis 18. Lebensjahr Mitglied zuerst der Jungen Union, dann der CDU, ehe ich später zur FDP wechselte und als Junger Liberaler aktiv wurde. Mir lagen immer die Menschen- und Bürgerrechte sehr am Herzen. Das unbedingte Eintreten für Selbstbestimmung, Unabhängigkeit und unveräußerliche Grundrechte waren auch der Anlass für meinen Parteiwechsel gewesen, weil ich diese Interessen bei den Liberalen besser vertreten fand als bei den anderen Parteien. Infolge dieser Fokussierung war ich wie gefesselt vom Volk der Kurden und ihrem Schicksal. Vom ersten Augenblick meiner Beschäftigung mit dem Kurdentum an war ich beeindruckt, mit welchem ungebeugten Stolz, mit welch faszinierendem Willen zur Selbstbehauptung dieses Volk bis heute erhobenen Hauptes lebt – nach so vielen Jahrhunderten der Verfolgung und des Leids.

Kulturhistorisch sind die Kurden als Ethnie hochinteressant. Ihr Ursprung liegt in Mesopotamien, einem Gebiet, das wie keines sonst für die Wiege der Zivilisation, den Anfang der Kulturgeschichte steht.

Mesopotamien bedeutet wörtlich »zwischen den Flüssen«; es ist jenes legendäre Zweistromland, das die fruchtbaren Ebenen zwischen Euphrat und Tigris umfasst. Vor über 5000 Jahren waren hier die Stämme der Gutäer und Lullubäer heimisch, etwa im Bereich des mittleren und nördlichen Zagros-Gebirges; die verwandten Stämme der Hurriter lebten im benachbarten Osttaurus-Gebirge. Das Siedlungsgebiet dieser Völker reichte bis weit in die fruchtbare Tiefebene Mesopotamiens hinein, und aus ihnen – so vermutet man – gingen später unter anderem die Meder hervor. Diese werden heute oft als die Vorfahren der Kurden gesehen, da sich ihr Siedlungsgebiet schon früh über das weite Gebiet des heutigen »Kurdistans« erstreckte. Grundlage dieser Spekulation sind vor allem die Publikationen des Orientalisten Vladimir Minorsky, der eine große Überschneidung in der Sprache der Meder und der Kurden erkannt zu haben glaubte.

Wirklich wissenschaftlich beweisbar sind die verschiedenen Thesen zur Ethnogenese der Kurden nicht, vor allem die Vorstellung einer monolinearen Weiterentwicklung aus wenigen Ursprungsstämmen zu einem Volk, über klar voneinander abgrenzbare Zwischenstufen, ist zu vereinfachend. Man weiß heute, dass sich die Ethnogenese meist durch Migrationsbewegungen und Umgebungswechsel vollzieht. Sie ist ein hochkomplexer Vorgang. Doch vor dem Hintergrund, dass Mesopotamien immer ein Vielvölkergebiet war, kann man durchaus eine anhaltende Durchmischung annehmen, an deren Ende dann das Volk der Kurden hervortrat.

Sicher ist nur, dass »... die kulturellen Wurzeln der Vorfahren der Kurden ... überwiegend in den altiranischen und altindischen Zivilisationen begründet« liegen, wie die renommierten Autoren Strohmeier und Yalçın-Heckmann in ihrem Standardwerk *Geschichte der Kurden* schreiben. Spätere Einflüsse fußen also auf diesem Ursprung. Für diese These der schrittweisen Durchmischung spricht übrigens auch, dass schon immer zahllose Völker, Stämme und Kulturen durch das Siedlungsgebiet der Kurden zogen und ihre bis heute sichtbaren Spuren in der kurdischen Kultur hinterließen: Sumerer, Assyrer, Meder, Perser, Juden, Akkader und viele andere brachten Einflüsse mit und prägten das Kurdentum, wie es heute besteht.

Kurd – »die Kurd« – nannte man im Mittelalter die meist in abgelegenen Gebirgsregionen umherziehenden Nomadenstämme, ohne damit eine kurdische Ethnie zu beschreiben. Eine exakte Abgrenzung des Begriffs »Kurdistan« existiert bis heute nicht. Tatsächlich war die Topografie, die geologische Beschaffenheit ihrer Heimatregion, einer der Hauptgründe dafür, dass die Kurden weder untereinander noch in der Wahrnehmung ihrer Nachbarvölker so etwas wie eine eigene Identität entwickelten – geschweige denn politische Unabhängigkeit. Ihre Territorien umfassten zwar ein riesiges Gebiet im Mittleren Osten, doch sie lebten stets zersiedelt und infolge des unwegsamen Geländes voneinander getrennt. So waren kultureller Austausch und Handel schwierig.

Die soziale Struktur der Kurden, die in Stammesgesellschaften und Großgruppen lebten, erschwerte zudem eine staatliche Einigung. Die Kurdengebiete lagen (und liegen noch heute) in einer strategisch bedeutsamen, von vielen Interessensphären beanspruchten Großregion. So schlossen die einzelnen Clans jeweils Bündnisse mit lokalen Machthabern, was allerdings verhinderte, dass sich ein kurdisches Gemeinschafts- oder später gar ein Nationalbewusstsein wie bei anderen Völkern entwickeln konnte.

Die seit der islamischen Expansion überwiegend sunnitischen Kurden gerieten ab dem 16. Jahrhundert in die innerreligiösen Konflikte und Machtkämpfe der islamischen Großmächte – insbesondere zwischen dem Osmanischen Reich und den schiitischen Persern. Dass dabei die kurdischen Stämme die sunnitischen Osmanen unterstützten, wurde von diesen durch Gewährung weitreichender Autonomie für die einzelnen kurdischen Kleinstaaten und Fürstentümer belohnt – womit sich die Zersplitterung der Kurden untereinander fortsetzte. Als das Osmanische Reich an Bedeutung verlor und als Schutzmacht wegfiel, kam es zu religiösen Konflikten der Kurden mit benachbarten christlichen Staaten wie etwa Armenien, was die europäischen Großmächte auf den Plan rief, die die Osmanen zu Gegenmaßnahmen drängten.

Im 19. Jahrhundert war schließlich das zuvor gute Verhältnis der Kurden zum Sultan in Istanbul zerrüttet, und die Kurden wagten den offenen Widerstand; allerdings wieder nicht konzertiert und mit einheitlichen Zielen – etwa Bestrebungen für einen Nationalstaat –, sondern nur aus lokalen Interessen heraus. In diesen Unruhen hat die erbitterte Ablehnung kurdischer Unabhängigkeitsbestrebungen durch die Türkei ihren Ursprung.

Als das Osmanische Reich nach dem Ersten Weltkrieg zerfiel, hegten die Kurden zunächst große Hoffnung auf einen eigenen Staat. Aus taktischen Erwägungen hatten die westlichen Entente-Mächte zuvor versucht, die mit den Mittelmächten verbündete Türkei von innen zu schwächen, indem sie die Kurden zum Widerstand aufriefen und ihnen im Zuge einer neuen Nachkriegsordnung staatliche Unabhängigkeit versprachen. Der Friedensvertrag von Sèvres sah denn auch ein autonomes »Kurdistan« vor, allerdings in einem weit reduzierterem Gebiet als erhofft. Doch nicht einmal dies wurde realisiert, weil der Vertrag nie umgesetzt wurde.

Die nationaltürkische Bewegung Kemal Atatürks tat ein Übriges, um den kurdischen Traum vom eigenen Staat zu zerschlagen, Für

Minderheiten hatte die neue Türkei keinen Platz – weder Armenier noch Griechen oder Kurden konnten auf Autonomierechte hoffen. Und als die von Atatürk befriedete anatolische Rumpftürkei im Vertrag von Lausanne von den Westmächten anerkannt wurde, war für die Kurden im gesamten Mittleren Osten überhaupt kein Staat mehr vorgesehen; ihr Territorium wurde auf Iran, Irak und die Türkei verteilt. Weitere bedeutende Kurdensiedlungen fanden sich außerdem in Gebieten Syriens und der Sowjetunion. In all diesen Staaten wurde jede Form kurdischer Eigenständigkeit und Kultur mehr oder minder stark unterdrückt; vor allem in der Türkei waren die Kurden dauerhaft Repressalien ausgesetzt – und sind es bis heute. Die Kurden blieben das größte lebende »Volk ohne Staat« der Moderne.

Das Stammesdenken der Kurden wurde erstmals durchbrochen, als sich Ideen des Kommunismus in den 1970er-Jahren als grenz- und clanübergreifendes ideologisches Bindeglied unter kurdischen Intellektuellen verbreiteten und sich politische Kräfte gründeten, die über alle Grenzen hinweg in Parteien aktiv wurden. Am bedeutendsten war hier die Kurdische Arbeiterpartei (PKK) unter Abdullah Öcalan, die schon bald zu einer zunehmend paramilitärischen und zeitweilig terroristisch agierenden Einheit wurde. Vor allem in der Türkei führte ihre Bekämpfung durch den türkischen Staat zu einem faktischen Bürgerkrieg, der bis heute schwelt und über 40 000 Menschenleben forderte.

Die politischen Veränderungen seit den 1990er-Jahren im Nordirak führten in den dortigen Kurdengebieten zur Herausbildung einer Teilautonomie. Daraus formierte sich nach turbulenten Jahren des wirtschaftlichen Aufschwungs und militärischer Konflikte mit radikalislamischen Kräften, besonders mit dem sogenannten Islamischen Staat, schließlich die Autonome Region Kurdistan. 2017 votierten über 90 Prozent der Wähler im Rahmen eines Unabhängigkeitsreferendums für einen eigenständigen kurdischen Staat Das Referendum war jedoch nicht bindend, worauf ich in Kapitel 12 noch näher eingehen werde, und brachte letztendlich nur »auf dem Papier« den Status der Unabhängigkeit.

In anderen Ländern des »historischen« Kurdistans – also der Kernsiedlungsgebiete, die sich zusammengenommen über eine Fläche etwa der Größe Deutschlands erstrecken –, leben Kurden noch immer in Unfreiheit, häufig unterdrückt und verfolgt; doch der Funke der Freiheit hat auch dort gezündet. In Syrien und im Iran kämpfen Kurden für ihre Unabhängigkeit, und auch in der Türkei behaupten Kurden zunehmend entschlossener ihre Eigenständigkeit und besinnen sich auf ihre Identität. Es ist diesem großen Volk mit einer so reichen Kultur zu wünschen, dass die Geschichte es doch noch entschädigt für so viele Generationen von Leid und Entbehrung. In Syrien scheinen die Kurden ihrem Ziel einen großen Schritt nähergekommen zu sein. Es ist dort zwar kein kurdischer Staat entstanden, dafür aber eine autonome Zone, in der Kurden gemeinsam mit Arabern, Assyrern, Armeniern und Turkmenen an einer Demokratie arbeiten.

Mir persönlich ist bei der Vorstellung, die Kurden seien das Ergebnis von so vielen Einflüssen bedeutender Völker, besonders der Gedanke sympathisch, dass das kurdische Volk gewissermaßen der natürliche Erbe der höchsten kulturellen Eigenschaften der Menschheitsgeschichte ist. Die reichhaltige Kultur der Kurden, ihre Traditionen und all das, was ihre Identität ausmacht, sind wie ein Fingerabdruck der Historie und zugleich das Spiegelbild unserer eigenen Vergangenheit.

2. SYKES-PICOT, SÈVRES UND LAUSANNE

Bis heute ist der gesamte Mittlere Osten ein Pulverfass: Ob im Irak, in Syrien, im Iran, in der Türkei, im Libanon oder in den Palästinensergebieten – überall kracht es mal mehr, mal weniger. Viele Politiker der Gegenwart, vor allem in den USA, machen es sich bei der Suche nach Gründen für die anhaltende Instabilität der gesamten Region zu einfach und schieben die Probleme pauschal auf »den Islam« als Ganzes oder auf eine irgendwie konfliktträchtige arabische Natur. Aber das sind Stereotypen, und diese können als solche nicht greifen.

Ein Blick auf die Landkarte zeigt rasch, wo die wahren Wurzeln der Dauerkrise liegen. Der Mittlere Osten beheimatet eine unübersichtliche Vielzahl unterschiedlicher Ethnien, Stammesgesellschaften und Glaubensgemeinschaften – und deren Siedlungsgebiete haben mit den Staatsgrenzen meist sehr wenig gemeinsam. Ein bunter Haufen von Völkern – getrennt nach Sprachen, Sitten und Kultur – lebt verstreut über unterschiedliche Länder und Herrschaftsgebiete, die erst in jüngerer Zeit künstlich geschaffen wurden. Die Grenzen zeichnete man zu großen Teilen einfach mit dem Lineal. Vielerorts geometrisch figurierte Staatsgrenzen können jedoch nur eines bedeuten: Natürlich gewachsen ist hier nichts!

In der Tat bestimmten fremde Herren die willkürlich gezogenen Grenzen, und zwar erstmals vor 102 Jahren in einem Geheimvertrag zwischen England und Frankreich, der heute als Sykes-Picot-Abkommen bekannt ist. Jeder, der sich mit dem Mittleren Osten und den Hintergründen seiner Konflikte näher befasst, »stolpert« zwangsläufig früher als später über dieses Abkommen. Nahostexperten bezeichnen es zu recht als »die Wurzel allen Übels«. In Erwartung des Untergangs des Osmanischen Reiches im Ersten Weltkrieg trafen sich im November 1915 der französische Diplomat François Georges-Picot und der englische Diplomat Mark Sykes. Sie handelten ein Abkommen aus, das am 16. Mai 1916 offiziell beschlossen wurde und eine Aufteilung des Osmanischen Reiches nach dessen Untergang zum Gegenstand hatte. Die beiden Diplomaten umrissen die kolonialen Interessen beider Großmächte für die Nachkriegsordnung. Neben der Schaffung neuer, unabhängiger Staaten definierten sie die Mandatsgebiete Frankreichs und Englands. Die Gebiete des heutigen Jordaniens und des Zentral- und Südirak ging an die Briten, während sich Frankreich die Herrschaft über die Südost-Türkei, den Nordirak, Syrien und den Libanon sicherte.

Das Abkommen wurde 1917 durch die neue bolschewistische Regierung Russlands offengelegt und erregte international großes Aufsehen und diplomatische Verstimmungen. Bei der Aufteilung der »Kriegsbeute« blieben die Ansprüche anderer Mächte unberücksichtigt, und die betroffene Region war nach imperialistischer Manier aufgeteilt worden. Trotzdem wurde das Abkommen zunächst umgesetzt. Aber schon kurz nach Ende des Ersten Weltkriegs gerieten Frankreich und Großbritannien in Streit. Britische Truppen besetzten die Stadt Mossul und die umliegenden Erdölfelder im heutigen Irak, obwohl dieses Gebiet Frankreich zugesprochen war.

Zudem fühlten sich die arabischen Stämme durch das Abkommen hintergangen, da man ihnen die Herrschaft über ganz Arabien versprochen hatte. Die Stämme hatten sich unter der Führung des Großscherifen von Mekka an der Seite der Briten in der sogenannten »Arabischen Revolte« gegen das Osmanische Reich erhoben. Auf diesem Konflikt basiert übrigens der berühmte Hollywood-Film *Lawrence von Arabien*, wobei die Rolle des britischen Geheimagenten T. E. Lawrence bei den Aufständen in der Forschung heute mehr als umstritten ist.

Sehr bald kam es zu neuen Verhandlungen, die am 10. August 1920 in den Vertrag von Sèvres mündeten. Er zählt – wie der weitaus bekanntere Versailler Vertrag – zu den sogenannten »Pariser Vorortverträgen«, die die politische Neuordnung nach dem Ende des Ersten Weltkriegs regelten. In diesem Vertrag von Sèvres verfügten die siegreichen Westmächte der Triple-Entente – Frankreich, Russland und Großbritannien – einen Diktatfrieden über das ehemalige Osmanische Reich. Weite Teile des zuvor osmanisch beherrschten Nahen Ostens wurden neu strukturiert. Die Region der Levante – Palästina, Jordanien, Syrien – teilten die Franzosen und Briten in separate Mandatsgebiete, und das weitgehend in Übereinstimmung mit den Sykes-Picot-Bestimmungen. Außerdem war ein eigener Staat »Mesopotamien« vorgesehen, und einige Regionen sollten ihre ersehnte politische Unabhängigkeit erlangen. Das betraf den arabischen Staat der Hedschas, heute Teil Saudi-Arabiens, ferner die Armenier und die Kurden.

Für die Kurden schien somit erstmals der Traum eines eigenen Staates ein gutes Stück näher zu rücken. Jedoch waren an die Zusagen von

Sèvres Vorbedingungen geknüpft. Zunächst sollte »Kurdistan« als ein autonomes Gebiet entstehen, dem die Perspektive einer echten staatlichen Unabhängigkeit in Aussicht gestellt wurde. Eigentlich hätte das zu bildende »Kurdistan« einem kurdischen Großstaat mit allen kurdischen Siedlungsgebieten entsprechen sollen. Aber leider hatten die Kurden keine starken diplomatischen Vertreter und keine stabile Verhandlungsposition, weshalb sie sich am Ende in Sèvres nicht durchsetzten.

Die vorgesehene Planung beinhaltete daher im Vertragstext von Sèvres schließlich bei Weitem nicht alle Kurdengebiete und legte das angedachte Autonomiegebiet recht vage in Ostanatolien fest. Es ist das Grenzgebiet zu Syrien und dem Nordirak, mitten im Herzen des kurdischen Verbreitungsgebiets, in dem die Kurden bis heute die autochthone Bevölkerungsmehrheit stellen. Vor Schaffung dieses neuen »Kurdistan« mussten die Kurden jedoch per Volksbefragung bestätigen, dass sie mehrheitlich eine staatliche Unabhängigkeit wünschen. Ferner sollten sie gegenüber dem Völkerbund – dem Vorgänger der heutigen Vereinten Nationen – nachweisen, dass sie überhaupt »reif« für die Unabhängigkeit seien.

Der Vertrag von Sèvres barg noch weit mehr Probleme: Er war zu hart. Die Siegermächte hatten angesichts des Völkermords an den Armeniern vorgesehen, die Türken nicht nur auf die Knie zu zwingen, sondern sie regelrecht zu demütigen. Der damalige Sultan Mehmed VI. und die osmanische Regierung unter Großwesir Damad Ferid Pascha unterzeichneten zwar den Vertrag. Aber das Osmanische Parlament ratifizierte ihn nicht. Der Sultan löste kurzerhand das Parlament auf, und wenig später übernahm Mustafa Kemal Pascha, der Führer der türkischen Nationalbewegung, das Ruder. Er ist besser unter dem Namen Atatürk (»Vater der Türken«) bekannt.

Zeitgenössische Kritiker warnten vor dem Abkommen, das für die Türkei ähnlich schwere Folgen haben könne wie der Versailler Vertrag für Deutschland, zumal Sèvres die Türkei quasi zerteilte und bis auf ein Rumpfgebiet in ihrer staatlichen Integrität verletzte. Für die Türken hatte das Abkommen geradezu existenzielle Konsequenzen, die den ungeheuerlichen Aufstieg und Erfolg Atatürks begünstigten und seinen extremem türkischen Nationalismus fütterten. Für die Ansprüche und Erwartungen ethnischer Minderheiten wie der Kurden, Armenier und anderer Ethnien in der Region war keine Toleranz mehr vorgesehen.

Die türkische Bevölkerung war nicht gewillt, die Demütigungen des Vertrags von Sèvres hinzunehmen. Es kam zum »Befreiungskrieg«, in dem vor allem die in Westanatolien beheimateten Griechen und die Türken in Griechenland Konfliktgegenstand waren. Der griechisch-türkische Krieg endete 1922 mit einem Sieg Atatürks. Aus dieser gestärkten Position heraus erwartete die Türkei vom Westen nun eine Revision des Vertrags von Sèvres. Ein Jahr später, 1923, kam es zum letzten verhängnisvollen Vertrag in Lausanne. Er löste die »griechische Frage« – und jahrtausendealte griechische Siedlungen in Kleinasien fanden ihr Ende. Zwei Millionen Griechen wurden nach Griechenland umgesiedelt. Im Gegenzug zog eine halbe Million Türken zurück in die Türkei. Die Vertreibung der Armenier aus der Osttürkei und der damit einhergehende Völkermord an 1,5 Millionen Menschen 1915 wurde durch den Vertrag von Lausanne faktisch nachträglich legitimiert, der die somit »ethnisch gesäuberten« Gebiete der Türkei in ihren neuen Grenzen anerkannte.

Für die Kurden war es vor allem der Vertrag von Lausanne, der ihrer Freiheitsbewegung politisch das Genick brach. Er bedeutete für sie den *worst case*: Sie wurden vollends übergangen. Von einem autonomen oder gar unabhängigen Kurdenstaat war nicht mehr die Rede. Zwar soll Atatürk den Kurden während des griechisch-türkischen Kriegs die Unabhängigkeit als Gegenleistung für die Waffenbrüderschaft an seiner Seite versprochen haben. Doch dieses Versprechen wurde ebenso gebrochen wie die Zusage des Völkerbundes, sich solidarisch zu zeigen und die im Sèvres-Vertrag avisierten Schritte in Richtung eines freien »Kurdistans« zu unterstützen. Die Hoffnung, dass das von Woodrow Wilson wenige Jahre zuvor formulierte »Selbstbestimmungsrecht der Völker« auch für die Kurden greifen würde, hatte sich damit jäh zerschlagen.

Der Lausanne-Vertrag zog einen vorläufigen Schlussstrich unter diese Bestrebungen und zementierte de facto die Teilung Kurdistans in vier politisch getrennte Gebiete: Bakur (Türkei), Başûr (Irak), Rojava (Syrien) und Rojhilat (Persien). Seither sind die Kurden Leidtragende der Teilung ihres Landes. »Sie leiden unter den Grenzen, die die Europäer willkürlich gezogen haben«, wie der kurdische Historiker Celîlê Celîl schrieb.

Die meisten Kurden blieben in der Türkei, in der Atatürk nun innerhalb der »bereinigten« und nach Osten deutlich erweiterten Staatsgrenzen eine gnadenlose nationalistische Assimilationspolitik einläutete. Die Kurden wurden zwangsturkisiert, ihre kulturelle Identität unterdrückt. Was bleibt, ist Verbitterung. Bis heute haben die Kurden nicht vergessen, wie die westlichen Siegermächte sie damals in Lausanne im Stich gelassen haben. Der Historiker Maurus Reinkowski hält über den Vertrag von Lausanne und dessen Folgen für die Kurden zutreffend fest:

> *»Sie verschwanden sozusagen unter dem Tisch; insofern ist da ein historisches Gefühl des Unrechts, das man den Kurden als der vermutlich bevölkerungsreichsten Gruppe angetan hat, indem man ihr keinen eigenen Staat zugestanden hatte.«*

3. DIE UNTERSCHIEDLICHEN TEILE KURDISTANS UND IHRE PARTEIEN

»Die Kurden« – dieser Begriff geht so leicht über die Lippen, als sei er praktisch selbsterklärend und als sei eindeutig klar, wer damit gemeint ist. Eigentlich jedoch ist nichts irreführender als die Annahme, es gäbe »die Kurden« als einheitliches, homogenes Volk. Auf mehreren Ebenen unterscheiden sich die Kurden untereinander. Die wichtigsten innerkurdischen Unterschiede sind zum einen die teilweise erheblich voneinander abweichenden Sprachen und zum anderen natürlich die politische Zugehörigkeit zu verschiedenen Ländern, in deren Grenzen sie leben – eine unmittelbare Folge der historisch bedingten, jahrhundertealten Sonderlage des kurdischen Volks, das nie über ein eigenes Staatsterritorium verfügt hat. Die Zerschneidung Kurdistans durch »fremde« Grenzen und die jeweils stark voneinander abweichenden politischen Systeme haben zur Herausbildung regional verschiedener kurdischer Parteien und auch militärischer Strukturen geführt.

Nachfolgend will ich die genannten Unterschiede innerhalb des kurdischen Volks zum heutigen Zeitpunkt kurz beleuchten.

Trennung nach Sprachen

Sprachlich gibt es innerhalb des Kurdentums erhebliche Unterschiede. Etwas wie eine kurdische Standardsprache, sozusagen ein »Hochkurdisch«, existiert im Prinzip nicht. Es gibt drei Hauptsprachen, das Nordkurdisch (Kurmandschi), das Zentralkurdisch (Sorani) und das Südkurdisch, das sich in die drei Dialekte Zazaki, Gorani und Leki unterteilt. Zudem gibt es eine Vielzahl von Dialekten. Sprachwissenschaftlich und phonetisch unterscheiden sich die einzelnen Sprachen der heutigen Kurden erheblich voneinander. Das Verhältnis von Kurmandschi und Sorani zum Beispiel ist in etwa vergleichbar mit dem von Bayrisch und Plattdeutsch. Ein wenig kann der Sprecher der jeweils anderen Sprache verstehen, manches klingt sogar gleich, doch das meiste klingt vollkommen fremd.

Kurmandschi sprechen zahlenmäßig die meisten Kurden, denn es ist in der Türkei und Syrien die verbreitetste Varietät. Wer Kurmandschi beherrscht, kommt innerhalb der kurdischen Siedlungsgebiete im Alltag schon sehr weit. Sorani ist ebenfalls eine häufige Sprache, es wird überwiegend im irakischen Teil Kurdistans gesprochen, dort insbesondere in den Ballungsräumen von Duhok und Erbil bis hin nach Sulejmani.

Die beiden südkurdischen Sprachen Zazaki und Gorani dagegen sind eher lokale Besonderheiten. Das Zazaki unterscheidet sich deutlich von den verbreitetsten kurdischen Sprachen und ist im türkischen Kernkurdistan zu Hause – hier vor allem in der Gegend von Dersim, Çabakçur und Malatya. Die exotischste kurdische Sprache ist das Gorani: Nur etwa 500 000 Menschen im Iran und angrenzenden Irak sprechen es.

Trennung nach Staatsgrenzen

Die Region Bakur

Das historische Nordkurdistan, auch Bakur genannt, ist vielen Europäern ein Begriff. Es handelt sich um den türkischen Teil Kurdistans. Dieses ur-kurdische Gebiet reicht von Gaziantep bis Hakkâri (kurdisch: Colemêrg) und von Malatya bis Kars. Wenn in den letzten Jahrzehnten vom »Kurdenkonflikt« die Rede war, dann ging es zumeist um diese Region. Der türkische Staat hat in den letzten 100 Jahren alles darangesetzt, dort die kurdische Identität auszulöschen – durch brutale Assimilierungsmaßnahmen, Zwangsturkisierung, Umbenennung von Orts- und Familiennamen und Unterdrückung der kurdischen Sprache und Kultur.

Eine Reaktion auf diese Verfolgungspolitik war unter anderem die Gründung der Kurdischen Arbeiterpartei PKK im Jahr 1978 durch den Kurdenführer Abdullah Öcalan, die von Anfang an militant und im Untergrund agierte. Öcalan und seine 24 Mitgründer verfolgten das Ziel, mittels eines Guerillakriegs eine »sozialistische« Revolution in den kurdischen Gebieten der Türkei zu erreichen und die Ausrufung eines eigenständigen kurdischen Staats voranzutreiben. Weil ihr Kampf aber nicht nur der nationalen Befreiungsbewegung der Kurden galt, sondern immer auch auf die Herbeiführung eines Systemwechsels nach marxistischem Vorbild ausgerichtet war, blieb die PKK selbst innerhalb der kurdischen Bevölkerung stark umstritten. Vor allem die »anti-imperialistischen« Ziele der PKK, mit denen diese eine Zerschlagung der traditionellen kurdischen Sozialstruktur mit ihrem feudalen Clan-System verfolgte, stießen auf Widerstand. Die Arbeiterpartei konnte deshalb nie einen Alleinvertretungsanspruch für die Sache der Kurden durchsetzen.

Nach der Festnahme des Vorsitzenden Abdullah Öcalans 1999 in Kenia und seiner Inhaftierung in der Türkei rief er zum Frieden auf. Die PKK zog sich teilweise aus den türkischen Gebieten zurück. Bis heute hat sie ihren Sitz im Kandil-Gebirge, versteckt im türkisch-irakisch-iranischen Grenzgebiet. Bis vor wenigen Jahren folgte die PKK dem Kurswechsel Öcalans und unternahm mehrere ernstgemeinte Anläufe, einen dauerhaften Waffenstillstand und Friedensverhandlungen mit der Türkei zu erreichen. Die Verhandlungen brach der türkische Ministerpräsident Tayyip Erdoğan jedoch aus wahltaktischen Gründen ab. Ihm kam ein blutiger Kurdenkonflikt sehr gelegen, um die zahlreichen Wählerstimmen der radikalislamistischen und nationalfaschistischen Türken an sich zu binden. Es war vor allem Erdoğans Regierungspartei AKP (Partei für Gerechtigkeit und Entwicklung), die an einer friedlichen Beilegung der Kurdenfrage kein Interesse hatte. Die rechtsradikale Partei der Grauen Wölfe (Partei der Nationalistischen Bewegung, MHP) machte ebenfalls Druck. Ihre Anhänger propagieren eine rassistische Ideologie gegen die Kurden und verstehen die »Türken« als Herrenrasse.

In der Türkei ist es heute vor allem die Partei HDP (Demokratische Partei der Völker), die das Anliegen der Kurden politisch seriös und gemäßigt vertritt. Ihr Eintreten für republikanische und rechtsstaatliche Prinzipien hat die HDP auch zum Hoffnungsträger vieler nicht-kurdischer Demokraten in der Türkei gemacht. Das politische Spektrum der HDP ist recht vielfältig: Es reicht von Elementen eines demokratischen Sozialismus und sozialdemokratischen Inhalten bis hin zum klassischen Liberalismus und grünen Programmpunkten. Da die HDP vor allem in den kurdischen Siedlungsgebieten der Türkei verwurzelt ist, lässt sich zwar eine gewisse Nähe zu der in der Türkei nach wie als Terrororganisation verbotenen PKK nicht abstreiten. Doch inhaltliche Übereinstimmungen beschränken sich auf Positionen zur Frage einer kurdischen Autonomie. Der frühere stellvertretende HDP-Vorsitzende Selahattin Demirtaş verneinte explizit jegliche Verbindungen zur PKK oder gar die Befolgung von Weisungen und distanzierte sich wiederholt von der Arbeiterpartei. Dennoch wird die HDP in der Türkei durch das Erdoğan-Regime verfolgt, ihre Politiker sind fortgesetzten Repressalien ausgesetzt.

Internationale Wahlbeobachter attestieren der Türkei immer wieder, dass für die HDP kein freier und demokratischer Wahlkampf möglich und Wahlmanipulation zum Nachteil der Partei nicht auszuschließen ist. Auch nach der Wahl von 59 HDP-Parlamentsabgeordneten in die türkische Nationalversammlung ließ die Verfolgung durch das islamistische Erdoğan-Regime nicht nach. Es ließ systematisch völlig willkürliche Strafverfahren gegen die Mehrheit der HDP-Abgeordneten einleiten, etwa wegen »Beleidigung des Präsidenten« oder angeblicher »Terrorunterstützung«. In vielen Fällen verloren sie ihre Immunität, was die Erdoğan-loyale Parlamentsmehrheit absegnete. Die beiden Co-Vorsitzenden Selahattin Demirtaş und Figen Yüksekdağ wurden sogar unter kaum nachvollziehbaren Vorwürfen gemeinsam mit anderen HDP-Abgeordneten in Untersuchungshaft genommen und politisch kaltgestellt. Erdoğan hatte gerade vor Demirtaş stets große Angst, da dieser als charismatischer Sympathieträger die Massen bewegen kann. Demirtaş' Popularität ging auch während seiner Inhaftierung nicht zurück.

Ich traf Demirtaş einige Male in Deutschland und habe selten jemanden kennengelernt, der eine derart positive, lebensbejahende und kämpferische Ausstrahlung besitzt. Zu einem Treffen in der Türkei kam es leider nie, da mir von den deutschen Behörden von einer Einreise dringend abgeraten wird. So ist auch mein Twitter-Account seit über einem Jahr auf Antrag der türkischen Regierung als »terroristisch« eingestuft worden. Menschen, die Inhalte meiner Facebook-Seite geliked und geteilt haben, hat die Türkei die Einreise verwehrt. Es würde ihnen an »Respekt vor der türkischen Regierung« fehlen. Wenn selbst mir als außenstehendem Beobachter mit harmlosen freundschaftlichen Sympathien für die Kurden eine solche Aufmerksamkeit vonseiten des türkischen Staates zuteil wird, kann man sich vorstellen, dass das Leben als Kurde in der Türkei kein Zuckerschlecken ist.

Bakur, dieser türkische Teil Kurdistans, ist für mich übrigens unerreichbar geworden. Als Jugendlicher war ich zweimal in der Türkei, um dort Urlaub zu machen und Freunde zu besuchen. Einmal fuhr ich mit meinen Eltern durch die kurdischen Gebiete Bakurs in Anatolien und wandelte quasi auf den Spuren des Apostels Paulus. Doch damals hatte ich noch keinerlei Berührungen mit dem Volk der Kurden.

Über zwanzig Jahre später haben sich die Dinge für mich grundlegend geändert: Heute ist es mir nicht mehr möglich, in die Türkei einzureisen – aufgrund meiner öffentlich geäußerten, sehr deutlichen Haltung zu Recep Tayyip Erdoğan, den ich nur als Diktator bezeichnen kann. Meine Kritik an der Genozid-Politik und dem imperialistischen Gebaren der Türkei tat ein Übriges. Mir ist bewusst, dass die Türkei seit Längerem ein Einreiseverbot gegen mich verhängt hat, und ich muss davon ausgehen, dass sogar ein Haftbefehl gegen mich vorliegt. Deutsche Behörden haben mich jedenfalls vor Reisen sowohl in die Türkei als auch nach Bulgarien gewarnt. Bulgarien deshalb, weil es – obgleich EU-Mitgliedsland – unter starkem Einfluss des türkischen Geheimdienstes MIT steht.

Anfang 2018 erfuhr ich, dass ich von der zweiten Strafkammer in Ankara, einem Strafgericht, als »Terroristenunterstützer« eingestuft wurde. Dies erfolgte im Rahmen eines gerichtlich verfügten Verbots meiner Twitter-Seite. In der Türkei darf mein kompletter Twitter-Account nicht mehr gelesen werden; also nicht nur einzelne Tweets, sondern die gesamte Seite. Ursache für diese Maßnahme war meine vorangegangene Berichterstattung über den Überfall der türkischen Streitkräfte auf die friedliche Enklave Afrîn. Ich hatte unmittelbar nach dem Angriff, als einer der ersten ausländischen Beobachter, Informationen über die Militäraktion erhalten und diese veröffentlicht.

Eine Einreise ist mir also verwehrt, obwohl mich immer wieder Einladungen erreichen. Einmal wurde ich sogar von staatlicher Seite ganz offiziell nach Ankara eingeladen. Dort sollte ich den Oberbürgermeister treffen, einen Mann, der zuweilen behauptet, »die USA« oder »die Juden« würden angeblich mit »geheimen Spezialschiffen« Erdbeben erzeugen, Flutkatastrophen herbeiführen und das globale Wetter steuern. Diese wenig ernstzunehmende Person also hatte mich – über einen ebenso wenig ernstzunehmenden Mittelsmann in Deutschland – nach Ankara eingeladen. Ich antwortete freundlich und erklärte, dass ich dieser Einladung nur unter zwei Bedingungen nachkommen könnte: Erstens müsse mir diplomatische Immunität zugesichert werden. Zweitens verlangte ich uneingeschränkte journalistische Bewegungsfreiheit auf dem gesamten Gebiet der Türkei, verbunden mit der Zusage, dass ich über alles berichten darf, ohne kontrolliert oder zensiert zu werden, und jederzeit ungehindert ausreisen dürfe. Diese Bedingungen wollte man selbstredend nicht erfüllen. Süffisant teilte man mir mit, ich solle doch ruhig nach Ankara reisen und es einfach darauf ankommen lassen. Eine unverhohlene Drohung. Damit hatte sich die Sache für mich erledigt.

Başûr – die Autonome Region Kurdistan

Durch den von der Terrorgruppe des sogenannten Islamischen Staates (IS) losgetretenen Krieg traten die Kurden wieder in den Fokus der Weltöffentlichkeit. Die IS-Schlächter, die man im Mittleren Osten nur abwertend *Da'ish* nennt (Abkürzung von *Ad-daula al-islāamiyya*, zu Deutsch *Islamischer Staat*), hatten 2014 den irakischen Teil Kurdistans angegriffen. Dieses Gebiet hat seit einigen Jahrzehnten den Status einer Teilautonomie und wird Autonome Region Kurdistan (auch *KRG* abgekürzt, nach dem englischen Begriff *Kurdistan Regional Government*) genannt.

Im kurdischen Sprachgebrauch spricht man von Başûr bzw. Südkurdistan. Dieser Teil Kurdistans ist politisch verhältnismäßig stabil und unterscheidet sich somit grundlegend von den sonstigen Verhältnissen im Irak, dem er territorial angehört. Auch was die Sicherheitslage betrifft, besteht ein riesiger Unterschied. In der autonomen Region Kurdistan sind Bombenanschläge von islamistischen Terrorgruppen eine seltene Ausnahme. Geschäftsbesitzer können ihre Waren über Nacht auf dem Gehsteig lassen, ohne befürchten zu müssen, dass sie am nächsten Tag geklaut worden sind. In Bagdad ist das vollkommen anders.

In der Autonomen Region Kurdistan besitzen die dort lebenden Kurden ihr eigenes Landesparlament, eine eigene Regierung mit Ministern und unterhalten sogar eine eigene Armee, die Peshmerga. Gerade diese Streitkräfte waren es, die die Kurden in den letzten Jahren geradezu weltberühmt machten. Es war der Kampf gegen den IS, der der autonomen Region internationale Aufmerksamkeit verschaffte. Anfangs waren die kurdischen Truppen in der Defensive. Als der IS im Juni 2014 seine Invasion in den Irak startete, zogen sich die Peshmerga zunächst zurück – und ließen die Siedlungsgebiete anderer ethnischen

Gruppen, die auf ihren Schutz vertraut hatten, ohnmächtig zurück. Es zählt zu den weniger ruhmreichen Kapiteln der jüngeren kurdischen Geschichte, dass sie dabei etwa die Jesiden einem grauenvollen Schicksal überließen: Der IS überrannte die Dörfer und Städte der Angehörigen dieses Volkes buchstäblich; die Männer wurden erschossen, die Frauen und Mädchen entführt.

Auch die Christen im Nordirak hätte beinahe das gleiche Schicksal ereilt, hätten sie sich nicht noch rechtzeitig zur Flucht entschlossen. Bis heute halten sich bittere Vorwürfe der beiden religiösen Minderheiten gegenüber den Kurden: »Das Vertrauen ist weg, denn sie haben uns im Stich gelassen«, hört man von Jesiden und Christen immer wieder. Die Peshmerga wurden erst dann zu den gefeierten »Helden«, als sie den IS immer weiter zurückdrängten und schließlich die territoriale Integrität der autonomen Region wieder gänzlich hergestellt hatten. Die Autonome Region Kurdistan übernahm im Kampf gegen den IS sogar Gebiete, die vorher unter Kontrolle der irakischen Armee gestanden hatten.

Meine Erfahrungen sind eng mit dem irakischen Teil des historischen Siedlungsgebiets verknüpft. In der Autonomen Region Kurdistan, die weitgehend dem kurdischen Teilgebiet Başûr entspricht, war ich ein Dutzend Male – ob in Sulejmani, Duhok, Shingal, Kirkuk, den Grenzregionen, in der Hauptstadt Erbil oder in der jesidischen Stadt Lalish. Von allen kurdischen Teilgebieten ist mir dieser am vertrautesten. Hier bin ich am besten vernetzt und kenne die Gegend inzwischen fast wie meine Westentasche. Gerade Erbil ist inzwischen fast so etwas wie meine zweite Heimat geworden.

Anlass für meine Reisen in die Autonome Region ist neben einem journalistischen und politischen Interesse nicht zuletzt mein ehrenamtliches Engagement. Ich bin dort als Flüchtlingshelfer aktiv. Die von mir gegründete Liberale Flüchtlingshilfe e. V. (LIBERAID) hat seit 2014 über drei Millionen Flaschen Trinkwasser an bedürftige und Not leidende Menschen in der Region geliefert, außerdem Zehntausende warme Decken für die teilweise sehr harten Winter, unzählige Kuscheltiere für Kinder, dazu Schuhe und Kleidung und tonnenweise Nahrungsmittel. Seit Frühjahr 2018 ist die Liberale Flüchtlingshilfe e. V. außerdem Partner der Kurdistan Food Bank, einer Art Tafel, die fast tausend Familien in der Region Erbil mit Grundnahrungsmitteln wie Reis, Bohnen oder Speiseöl versorgt. Ein weiteres Projekt, das mich mit der Autonomen Region verbindet, ist die Wasseraufbereitung; Ziel ist es, in den Flüchtlingscamps Wasserreinigungsfilter zu installieren, damit die Trinkwasserversorgung nicht von der logistisch aufwendigen und kostspieligen Anlieferung von Trinkwasserflaschen abhängig ist.

Durch all diese Projekte kenne ich die Region sehr gut. Ich habe viele Freunde dort gefunden. Unsicher habe ich mich auf all meinen Reisen in die Autonome Region Kurdistan nie gefühlt. Es ist ein wunderbarer Landstrich mit wundervollen Menschen. Wer von der legendären arabischen Gastfreundschaft spricht, hat die kurdische Gastfreundschaft noch nicht kennengelernt. Diese übertrifft alle noch so positiven Erfahrungen.

Als ich erstmals in diese Krisenregion aufbrach, rechnete ich damit, dort sicherlich einige Kilo abzunehmen – schließlich herrschte Krieg, und die Menschen kämpften um ihre Heimat. Doch ich war nicht auf die permanenten Einladungen der Kurden vorbereitet. Bei den Kurden setzt man wirklich alles daran, seinen Gästen so viele Annehmlichkeiten wie möglich zu bieten, und seien die Bedingungen noch so widrig. Vor allem kulinarisch übertrafen sich meine Gastgeber gegenseitig. Glauben Sie nicht, ein Abendessen in Kurdistan wäre mit dem vermeintlichen Hauptgericht vorüber! Sie haben gerade mal die Vorspeisen geschafft. Und sollte Ihnen ohne Schweißausbrüche gelingen, beim süßen Nachtisch und Çay (gesüßten Tee) anzukommen, zolle ich Ihnen Respekt! Für mich war es mehr als einmal eine wirkliche Herausforderung, trotz völliger Übersättigung durchzuhalten, um meine Gastgeber nicht zu enttäuschen.

Man muss natürlich im Hinterkopf behalten, dass man als Deutscher in der Autonomen Region Kurdistan ganz besonders beliebt ist –spätestens seit die Bundesregierung den Kurden die MILAN-Raketen lieferte, die Tausenden von Peshmerga-Soldaten das Leben rettete. Mit der MILAN konnten die mit Sprengstoff beladenen Selbstmordfahrzeuge des IS unschädlich gemacht werden, die zuvor die Verteidigungslinien ein ums andere Mal durchbrochen hatten. Die Kurden waren darüber so begeistert, dass viele sogar ihren Kindern den Namen Milan gaben. In den Jahren 2014 und 2015 weigerte man sich in so gut wie jedem Restaurant, in dem ich einkehrte, strikt, mein Geld anzunehmen, weil man »den Deutschen« unbedingt einladen wollte.

Doch war dies nicht der einzige Grund für die Großzügigkeit. Gastfreundschaft liegt den Kurden einfach im Blut. Ich habe sie selbst bei kurdischen Flüchtlingen aus Syrien erlebt, die mir ihr letztes Essen auftischen wollten, als ich sie für ein Interview im Camp Domez an der Grenze besuchte. Eine wohlplatzierte Notlüge über einen angeblich anstehenden wichtigen Regierungsbesuch als Folgetermin – und der Vorschlag, statt eines opulenten Essens wenigstens gemeinsam Çay zu trinken – bewahrte nicht nur mich vor weiteren Fettpölsterchen, sondern auch die Speisekammer der kurdischen Familie vor herben Einschnitten. Hier wurde mir einmal mehr deutlich: Der Gast ist den Kurden heilig.

Das Gebiet von Başûr erstreckt sich von der syrischen bis an die iranische Grenze. Die Gebirgsketten dort reichen bis in die Türkei. Zusätzlich zur Grenze zur Türkei bildet Başûr faktisch eine Binnengrenze zum Irak. Die exakte Grenzziehung zum Irak ist aktuell höchst umstritten, da die kurdische Regionalregierung in der autonomen Region aus durchaus legitimen historischen und ethnischen Gründen das gesamte Siedlungsgebiet der Kurden für sich beansprucht.

Offiziell sind die Grenzen der Autonomen Region Kurdistan allerdings um einiges enger gezogen, weil der Irak das erdölreiche Territorium für sich reklamiert und nicht der kurdischen Selbstverwaltung überlassen will, und erst recht keinem unabhängigen Kurdenstaat. Die kurdische Stadt Kirkuk, die als »heimliche Hauptstadt der Kurden« gilt, ist zum Sinnbild für diesen Grenzstreit geworden. Bereits Saddam Hussein hatte in den 1980er-Jahren versucht, die Stadt durch Siedler aus anderen Landesteilen des Irak zu arabisieren und die kurdische Bevölkerung gar gewaltsam von dort zu deportieren.

Die irakischen Begehrlichkeiten gegenüber Kirkuk halten bis heute an. Zuletzt überfielen Milizen der teilweise vom Iran kontrollierten irakischen Zentralregierung in Bagdad die Stadt, vertrieben kurdische Familien und beschlagnahmten die profitträchtigen Ölquellen. Wie so häufig, schwieg der Westen zu diesem Verbrechen. Die Hintergründe dieser Spannungen und des Konflikts um Kirkuk werden im Kapitel zum Unabhängigkeitsreferendum noch Thema sein.

Die Parteienlandschaft in der Autonomen Region Kurdistan ist auf den ersten Blick überschaubar. Es existieren zwei große Parteien, die sich die Region quasi untereinander aufteilen und die den beiden bedeutendsten Familienclans des Landes zuzuordnen sind. Zum einen handelt es sich um die Familie Barzani mit »ihrer« Partei DPK

(Demokratische Partei Kurdistans) und zum anderen um die Familie Talabani mit der Partei PUK (Patriotische Union Kurdistans). Vergleicht man diese Parteien inhaltlich-programmatisch mit den Ausrichtungen der Parteien in Deutschland, so käme die DPK wohl der CDU am nächsten, die PUK hingegen der SPD.

Ironischerweise ist auch die politische Situation der beiden Parteien durchaus mit der aktuellen Lage von CDU und SPD zu vergleichen. An der Spitze der DPK steht seit Langem der landesweit verehrte Masud Barzani, den die Bevölkerung liebevoll *Serok Barzani* (»Anführer Barzani«) nennt. Sein Vater Mustafa Barzani, der parteiübergreifend noch weitaus stärker verehrt wird, war einst Gründer der DPK. Wenige Monate nach dem erfolgreichen Referendum zur Unabhängigkeit, erklärte Masud Barzani, dass er nicht nochmals als Präsident der Autonomen Region Kurdistan kandidieren werde. Dennoch bleibt Masud Barzani weiterhin der Parteichef der DPK und ist gemeinsam mit seinem Neffen, dem amtierenden Premierminister Necirvan Barzani, einer der mächtigsten Männer der kurdischen Region.

Über viele Jahre standen sich DPK und PUK als Feinde gegenüber. Der Zwist ging so weit, dass beide Seiten sich mit ihrer jeweiligen Parteiarmee blutig bekämpften und bürgerkriegsähnliche Verhältnisse entstanden. Es war ein Bruderkrieg unter Kurden, an den sich heute noch viele mit Schrecken zurückerinnern. Kein Feind von außen vermochte die Kurden je so sehr zu schwächen, wie es dieser Krieg unter ihnen selbst getan hat.

Der vormalige Gegner der DPK, die Familie Talabani mit ihrer PUK, ist heute schwächer denn je. Als die Milizen der irakischen Zentralregierung Kirkuk angriffen, leisteten die dort stationierten Truppen der PUK kaum Widerstand. Die Verteidigungslinien brachen binnen weniger Stunden zusammen. Leidtragende waren die Peshmerga der DPK, die von ihren PUK-Landsleuten im Stich gelassen wurden. Etliche von ihnen starben durch diesen Verrat, der die alten Gräben zwischen den Parteien wieder aufriss und wohl noch viele Jahre tief im kurdischen Bewusstsein eingebrannt bleiben wird. Beim Fall Kirkuks spielten sich denkwürdige Szenen ab. Gestandene alte Peshmerga brachen noch in der Nacht der Niederlage unter Tränen zusammen. Sie konnten es schlicht nicht fassen, dass ihre Kampfgenossen der PUK ihnen derart in den Rücken gefallen waren und dem Feind die Stadt überlassen hatten. Es war so, als sei ihnen ein Teil ihrer Identität jäh entrissen worden. Eine solche Enttäuschung war für viele Kurden nicht vorstellbar gewesen, da sich die Beziehungen zwischen den Familien der Barzanis und Talabanis zuvor nachhaltig verbessert hatten. Durch den Krieg gegen den gemeinsamen Feind IS war sogar so etwas wie Freundschaft zwischen den einstigen Rivalen entstanden.

Neben den beiden genannten großen Parteien ist die Partei Gorran eine weitere ernstzunehmende politische Kraft. *Gorran* ist die kurdische Bezeichnung für »Wandel« oder »Bewegung«. Orientiert am Obama-Wahlkampf 2008 ließe sich das auch mit »Change« übersetzen. Die Partei wurde im April 2009 als Opposition zu DPK und PUK gegründet. Es waren Reformer der beiden Volksparteien, die jetzt ihr eigenes Ding machten. Ein Hauptgrund für die Entstehung von Gorran war die zunehmende Kritik an den kurdischen Clan-Strukturen in Başûr, die mit einer weitverbreiteten Korruption einhergehen und die politische Entwicklung des Landes lähmen.

Gorran verstand sich eher als eine Art Widerstandsbewegung und verkörperte die Hoffnung, die Autonome Region Kurdistan nach westlichem pluralistischem Vorbild zu modernisieren und neu aufzustellen. Ohne Zweifel wird Gorran auch in Zukunft eine wichtige Rolle in Kurdistan spielen, auch wenn das Prestige der Partei darunter gelitten hat, dass sie das Unabhängigkeitsreferendum abgelehnt hat. Im nationalen Taumel wollten viele Kurden keine Kritik am Referendum hören, und Gorrans Haltung erzeugte nur Missstimmung.

Neben diesen großen Parteien existieren noch einige Klein- und Splitterparteien in Başûr, deren bedeutendste wohl die Islamische Union Kurdistans ist. Sie steht der umstrittenen Muslimbruderschaft nahe und ist islamistisch-nationalistisch orientiert. Noch weitaus radikaler ist die kleinere Partei Islamische Gemeinschaft in Kurdistan. Sie strebt unverhohlen einen kurdischen Scharia-Staat an.

Trotz der familiären Machtblöcke und hierarchischer Strukturen sind die politischen Verhältnisse Başûrs nach westlichen Kriterien recht modern und demokratisch – wenn man sie mit allen umliegenden Nachbarstaaten vergleicht. Die verhältnismäßige Stabilität, selbst in den Kriegswirren der vergangenen Jahre, hat einen recht hohen Zivilisationsstandard in den Bereichen Sozial- und Gesundheitssystem, Verkehrswege, Digitalisierung und Infrastruktur entstehen lassen. Presse- und Meinungsfreiheit sind relativ intakt (siehe Kapitel 7). Es existieren bemerkenswerte und weitreichende Frauenrechte mit einer Quote in öffentlichen Ämtern von 30 Prozent. Minderheiten sind explizit geschützt, und alle vier Jahre werden freie Wahlen abgehalten. Mit Ausnahme der islamistischen Kleinparteien tragen alle politischen Parteien Başûrs die demokratische Grundordnung, was die Hoffnung nährt, dass der eingeschlagene Weg in Richtung rechtsstaatlicher Zivilgesellschaft weiterhin gefestigt wird. Die Autonome Region Kurdistan kann als aussichtsreichster Versuch der jüngeren Vergangenheit gelten, den Traum eines politisch eigenständigen und unabhängigen Kurdenstaats zu verwirklichen.

Trotz aller Bemühungen um Demokratisierung in der Autonomen Region Kurdistan kommt man an Beziehungen nicht vorbei. Nichts geht ohne Familien und Freunde. So ist auch mein Kontakt zur Familie Barzani sehr freundschaftlich und eng. Sie haben mir schon manche Tür geöffnet. Ich versuche dennoch eine größtmögliche Neutralität zu bewahren und auch zu anderen Clans und politischen Gruppierungen gute Beziehungen zu pflegen. Dies gilt auch und gerade für die Peshmerga, von denen ich Vertreter beiden großen Parteien, DPK und PUK, persönlich kenne. Sicherlich ist mein Draht zu den Barzani-Truppen enger, doch auch in Sulejmani hatte ich Gelegenheit, etwa die Waffenproduktion der dortigen PUK-Truppen zu besichtigen. Die Region in all ihren Facetten zu erfassen – das war bei meinen Besuchen immer mein Ziel.

Das syrische Kurdistan: Rojava

Einen deutlichen Kontrast dazu stellt das verhältnismäßig kleine Gebiet der Kurden in Syrien dar. Es liegt in Nordsyrien und wird Rojava genannt, also Westkurdistan. In einem Teil davon ist die Demokratische Föderation Nordsyrien entstanden. Politisch wird es weitgehend von der der PKK ideologisch nahestehenden PYD (Partei der Demokratischen Union) dominiert. Sie ist offiziell libertär-sozialistisch ausgerichtet, hat aber mit den alten kommunistischen Kadern der PKK und ihrer Philosophie von Abdullah Öcalan zu kämpfen. Vor allem für den Westen war die PYD ein wichtiger Partner, da die Parteisoldaten der weiblichen YPJ und männlichen YPG (»Volksverteidigungseinheiten«) die wichtigste Rolle im Kampf gegen den IS spielten. Sie haben zuerst allein gegen die Terrormiliz gekämpft, bevor sie im Oktober 2015 Teil der neu gegründeten Demokratischen Kräfte Syriens (SDF) wurden. Das multiethnische Militärbündnis besteht aus

Kurden, Arabern, Assyrern, Armeniern und Turkmenen. Die SDF werden von den USA, Frankreich und Großbritannien im Kampf gegen die IS-Terroristen unterstützt. Höhepunkt war die Befreiung der Kalifats-Hauptstadt Rakka im Oktober 2017, die die Niederlage des IS besiegelte.

Heute kontrollieren die SDF beinahe ein Drittel Syriens. Das Gebiet reicht vom Ostufer des Euphrats bis an die irakische Grenze und umfasst die wichtigsten Erdölvorkommen Syriens. Besonders bemerkenswert ist das politische System, das ich während meiner Zeit dort kennenlernte. Für den Nahen Osten ist es ungewöhnlich modern. Die Gleichheit von Mann und Frau wird hier besonders strikt durchgesetzt, auch politisch. So werden wichtige politische Posten immer doppelt und paritätisch besetzt: Neben einem Bürgermeister gibt es also auch eine Bürgermeisterin. Die Befreiung der Frau, wie sie von Abdullah Öcalan in seinen visionären Schriften gefordert wird, wird in Rojava aktiv gelebt und ist sogar gesetzlich vorgeschrieben. In den politischen und administrativen Entscheidungsgremien kann niemand allein eine Entscheidung fällen und damit die Macht an sich reißen. Es müssen immer mindestens zwei, höchstens drei Vertreter und Vertreterinnen entscheiden. In Nordsyrien wurde die Todesstrafe abgeschafft, die ansonsten unter dem Assad-Regime gilt. Religionsfreiheit ist ebenso garantiert wie die Rechte aller Minderheiten auf ihre Sprache und Kultur.

Politische Diskrepanzen bestehen hingegen zwischen der regierenden PYD und dem Oppositionsbündnis des konkurrierenden Kurdischen Nationalrats (ENKS), dessen Gründung auf eine Initiative des Kurdenführers Masud Barzani in Başûr zurückgeht. Hauptkraft in diesem Bündnis ist der DPK-Ableger DPK-S. Die Rivalität spiegelt den schwelenden innerkurdischen Konflikt wider.

Die Föderation ist in die drei Kantone Efrîn, Kobane und Cizire unterteilt. Letzterer beheimatet auch den Regierungssitz, die Hauptstadt Qamishlo, eine Stadt direkt an der türkischen Grenze in unmittelbarer Nachbarschaft zur kurdisch-christlichen Stadt Nisêbîn. Nisêbîn wurde im Jahr 2016 durch monatelange Bombardements türkischer Truppen nahezu komplett zerstört und seine Einwohner vertrieben, weil die türkische Regierung unter Erdoğan einen Bevölkerungsaustausch anstrebte. Ich war damals selbst Zeuge dieser Angriffe und filmte von der syrischen Seite aus die Kriegsverbrechen der türkischen Armee nur wenige Hundert Meter vom Grenzzaun entfernt.

Im Januar 2018 überfiel die türkische Armee völkerrechtswidrig die völlig friedliche und vom Krieg bis dahin verschont gebliebene kurdische Enklave Efrîn im Westen Rojavas. Die türkischen Soldaten kämpften Seite an Seite mit dschihadistischen Mörderbanden, die sich aus ehemaligen IS-Kämpfern, Mitgliedern von al-Qaida und radikalen Islamisten der FSA (der Freien Syrischen Armee) rekrutierten. Die kurdischen Bewohner Efrîns wurden enteignet und vertrieben, an etlichen von ihnen wurden schwerste Kriegsverbrechen verübt. Vor allem die jesidischen Bewohner Efrîns hatten unter den türkisch-dschihadistischen Truppen zu leiden: Viele Jesiden wurden ermordet, ihre Frauen wurden vergewaltigt oder als zukünftige Sexsklavinnen entführt – ganz im Stil der Kriegsgräuel, den ihre jesidischen Volksgenossen einige Jahre zuvor durch die Monster des IS im Irak über sich ergehen lassen mussten. Seit Erdoğans »Triumph« und der Besetzung Efrîns haben die neuen Machthaber alles daran gesetzt, die Scharia als neue Rechtsquelle durchzusetzen und alle zivilisierteren Strukturen zu zerschlagen.

Es steht zu hoffen, dass diese durch Erdoğans Türkei militärisch herbeigeführte Barbarei in naher Zukunft zu Ende geht, damit dieser Teil von Rojava wieder an seine westlich-moderne Entwicklung anknüpfen kann. Auf dem Spiel stehen demokratische, multiethnische und multireligiöse politische Strukturen, unveräußerliche Grundrechte und bürgerliche Freiheiten. Von arabisch-sunnitischer Seite wird allerdings an einer politischen Einheit Rojavas Kritik geübt, da die Sorge besteht, die arabischen Bevölkerungsteile würden politisch übergangen oder diskriminiert. Persönlich habe ich von derartigen arabischen Kritikpunkten in Rojava nichts mitbekommen. Bei einem ausführlichen Treffen mit dem Oberhaupt des größten Araberstammes – den al-Shammar – wurden keine entsprechenden Vorwürfe geäußert. Kritik hatte man dagegen nur für die USA übrig, von denen man sich im Stich gelassen fühlte.

Was ich im syrischen Teil Kurdistans erlebt habe, war spannend. Unterwegs war ich mit einer niederländischen Journalistin, mit Alfred Hackensberger, dem Nahost-Korrespondenten der Tageszeitung »Die Welt«, sowie Sebastian Backhaus, einem sehr talentierten Fotografen, der in »Zenit«, einem Fachmagazin für den Mittleren Osten, regelmäßig Fotostrecken veröffentlicht (einige Fotos im Bildteil dieses Buches stammen von ihm). Als ich in Erbil, in der Autonomen Region Kurdistan, gelandet war, fuhr ich weiter nach Duhok, wo ich die drei im Hotel traf. Am nächsten Tag reisten wir per Taxi an die Grenze nach Fishkabur, wo ich dank meiner guten Kontakte zur kurdischen Regierung für einen problemlosen Grenzübertritt nach Syrien sorgen konnte.

Alfred Hackensberger wiederum nutzte seine Beziehungen zu den syrischen Kurden auf der anderen Seite, die uns wenig später an der Grenze abholten. Die Formalitäten waren rasch erledigt. Dann ging es mit einem Boot über den Grenzfluss. Am anderen Ufer dann nochmals Formulare und Grenzkontrollen. Man stellte uns viele Fragen zum Zweck unserer Reise. Dazu gab es Tee und Kaffee. Schließlich wurde uns ein Hinweiszettel für unseren Pass mitgegeben, der unseren Status definierte. Denn streng genommen war unsere Einreise in Syrien illegal erfolgt, da sie allein von den SDF- bzw. YPG-Einheiten autorisiert wurde und nicht von den offiziellen Behörden des syrischen Staates. Kurz darauf wurden wir von Kämpferinnen und Kämpfern der Sutorum-Miliz, einer Miliz christlicher Aramäer und Assyrer, abgeholt, mit der wir drei Tage unterwegs waren. In Chassaka trafen wir mit den bereits erwähnten arabischen Stämmen zusammen; auch waren wir bei christlichen Kurden zu Gast.

Im Grenzgebiet zur Türkei dokumentierte ich türkische Kriegsverbrechen, so etwa durch Filmaufnahmen, die zeigen, wie die türkische Armee die türkische Stadt Nisêbîn in Schutt und Asche legte. Diese Videos hatte ich live ins Netz gestreamt, was prompt zu einem Einreiseverbot in die Türkei führte. Bald darauf trennten sich unsere Wege: Für Hackensberger und Backhaus ging es weiter nach Mambisch, einer Stadt, die damals noch vom IS gehalten wurde. Von dort reisten beide weiter in Richtung der Front bei Kobane. Für mich war es dort zu gefährlich. Das Risiko wäre zu groß gewesen, dass man mich dort aufgrund meines Engagements erkannt und möglicherweise entführt hätte. Ich trat den Rückweg in Richtung Autonome Region an, suchte mir ein Taxi, dessen Fahrer Christ war – erkennbar an den vielen Heiligenbildern auf dem Auto –, und ließ mich in rund zwei Stunden bis zur Grenze zurückfahren. Von dort aus ging es über Duhok zurück nach Erbil.

Die syrischen Kurden haben sich viel vorgenommen, politisch, sozial und gesellschaftlich; doch sicher fühlt man sich in ihrer umkämpften Heimat, in diesem Bürgerkriegsland unmittelbar an der Grenze zur feindseligen Türkei, nicht. In dieser Hinsicht erscheint mir die Autonome Region Kurdistan deutlich sicherer.

Der iranische Teil: Rojhilat

Der in der Öffentlichkeit am wenigsten wahrgenommene Teil der kurdischen Siedlungsgebiete ist sicherlich Ostkurdistan, Rojhilat (wörtlich schlicht »Osten«), das vollständig im Iran liegt. Zwar lebt hier ein erheblicher Teil der Kurden – 12 Millionen Menschen –, doch werden diese durch das iranische Regime in ihrer Identität verleugnet und brutal unterdrückt. Ihre legendäre Hauptstadt Mahabad gilt als eines der wichtigsten Zentren des kurdischen Widerstands und ist Symbol für die Unabhängigkeit Kurdistans.

Der bis heute von vielen Kurden verehrte Qazi Mohammed war einst der Gründer der kurdischen Republik Mahabad, die 1946 ausgerufen wurde und ganze elf Monate lang bestand. Neben der 15 Jahre zuvor im Osten der Türkei ausgerufenen Republik Ararat und dem in den 1920er-Jahren kurzzeitig im Nordirak bestehenden Königreich Kurdistan war die Republik Mahabad einer von drei kurdischen Nationalstaaten im 20. Jahrhundert, denen allesamt dasselbe Schicksal beschieden war. Sie zerbrachen oder wurden zerschlagen, ehe sie zur Keimzelle eines geeinten, grenzübergreifenden kurdischen Nationalstaats hätten werden können.

Im Fall der Republik Mahabad bestand der »Geburtsfehler« in einer zu großen Abhängigkeit von der UdSSR als Schutzmacht gegenüber dem persischen Schah. Nach dem Rückzug der sowjetischen Truppen aus dem Nordiran wurde Mahabad binnen kürzester Zeit von iranischen Truppen überrannt, Qazi Mohammed und seine Minister wurden zum Tode verurteilt. Die kurdische Kultur wurde seither durch die iranischen Regierungen massiv unterdrückt – zunächst durch den Schah und später durch das Ayatollah-Regime.

Doch obwohl der Traum eines souveränen kurdischen Staats sich zerschlagen hatte, bestand das politische Erbe Qazi Mohammeds fort und überlebte bis in die Gegenwart. Die von ihm gegründete DPK-I (Demokratische Partei des Iranischen Kurdistans, ursprünglich Demokratische Partei Kurdistans – Iran) ist bis heute eine der bedeutendsten politischen Kräfte der Kurden in der gesamten Region. Die von ihm für die Republik Mahabad gewählte Staatsflagge stand bei der Gestaltung der Flagge Başûrs, der Autonomen Region Kurdistans, Pate. Der Legende nach übergab Qazi Mohammed kurz vor seiner Hinrichtung die Fahne noch an die Familie Barzani, die sie bis heute verwahrt. Innerhalb von Rojhilat ist die DPK-I – wenn auch durch die iranische Regierung verboten und verfolgt – nach wie vor die bestimmende politische Kraft, obwohl es 2006 zur Abspaltung eines Teils der Partei unter dem ursprünglichen Namen Demokratische Partei Kurdistan-Iran kam. Die DPK-I hat Beobachterstatus bei der Sozialistischen Internationale und verfügt somit über eine dichte internationale Vernetzung, die der Kurdenfrage in der Welt Gehör verschafft.

Innerhalb des Iran agiert die DPK-I, wie die meisten aller regimekritischen Parteien, vor allem im Untergrund. Das hat sie gemeinsam mit der anderen großen Kurdenpartei in Rojhilat, der PAK (»Freiheitspartei«). Diese erlangte durch ihren Vizevorsitzenden Hossein Yazdanpanah größere Bekanntheit, der optisch stark an Stalin erinnert (seinen Spitznamen »der kurdische Stalin« aber verabscheut, weil er nicht mit einem der schlimmsten Massenmörder der Weltgeschichte verglichen werden möchte). Die PAK unterhält hervorragend ausgebildete Peshmerga-Einheiten. Bei meinen Besuchen an der damaligen ISIS-Front bei Kirkuk durfte ich wiederholt Kämpferinnen und Kämpfer der PAK-Peshmerga kennenlernen, die wohl zu den am besten ausgebildeten Kampfeinheiten aller Kurdengebiete zählen. Das liegt vermutlich nicht zuletzt daran, dass ihre Führung nicht auf Clan-Strukturen basiert, sondern allein auf militärischer Erfahrung und Qualifikation.

Ihr kommandierender General ist besagter Hossein Yazdanpanah, den ich persönlich kennengelernt habe, ein durch und durch sympathischer Mann, der seinen politischen Prinzipien treu bleibt und sich nicht einschüchtern lässt – obwohl auf ihn, mutmaßlich durch iranische Agenten, schon mehrere Mordanschläge verübt wurden.

Auch wenn die Republik Mahabad vor über 70 Jahren unterging, erfüllt ihr Geist viele Kurden in Rojhilat bis heute mit der Hoffnung auf politische Unabhängigkeit. In allen Teilen Kurdistans wird sie als Vorbild für eine kurdische Selbstverwaltung betrachtet.

Keine persönlichen Erfahrungen konnte ich bislang im iranischen Teil Kurdistans sammeln, was darauf zurückzuführen ist, dass mir meine Vertrauten in der Autonomen Region Kurdistan von Reisen in den Iran immer wieder dringend abgeraten haben. Gerade erst – im September und Oktober 2018 – gab es wieder Angriffe der Mullahs auf ein Flüchtlingscamp in der Autonomen Region, in dem vor allem iranische Kurden untergebracht waren. Dorthin hatte die Liberale Flüchtlingshilfe e. V. 80 000 Trinkflaschen, Decken und Lebensmittel geliefert. Weil sich in diesem Flüchtlingscamp ein lokaler Stützpunkt der PDK-I befindet, befürchteten meine kurdischen Freunde, unsere humanitären Hilfsmaßnahmen könnten als Unterstützung der – im Iran ja als Terrororganisation verbotenen – PDK-I gewertet werden, was für meine Festnahme beim Grenzübertritt genügen würde. Die Situation hier stellt sich also für mich ähnlich dar wie im Fall der Türkei – nur mit dem Unterschied, dass der iranische Geheimdienst noch um ein Vielfaches professioneller und effizienter arbeitet als der türkische. Also meide ich den iranischen Teil. Zumindest bislang.

4. DIE FAMILIEN BARZANI UND TALABANI

Seit fast 50 Jahren beherrschen zwei mächtige Clans die irakische Region Kurdistan, deren Einfluss sich auch auf andere kurdische Gebiete erstreckt und deren Verhältnis zueinander zur Schicksalsfrage einer künftigen kurdischen Einheit geworden ist: Es sind die Familien Barzani und Talabani. Geografisch lassen sie sich den Provinzen Sulejmani (Talabani) sowie Duhok und Erbil (Barzani) zuordnen. Zum Verständnis der kurdischen Gesellschaft und der Machtverhältnisse innerhalb Kurdistans ist ein Blick auf die Rolle dieser Familien unverzichtbar.

Man kommt an diesen beiden Häusern schlichtweg nicht vorbei, wenn man in Kurdistan irgendetwas erreichen will. Daran muss man sich gewöhnen, auch als ausländischer Gast. In ihren Herrschaftsgebieten besetzen beide Clans und ihre Protegés praktisch alle öffentlichen Ämter. In ihren Händen ruhen die Schlüsselpositionen in Wirtschaft, Handel und Militär. Über Jahrzehnte haben sie Milliardenvermögen angehäuft, die sie zu mit den mächtigsten Familien des Mittleren Ostens machten. Kritiker werfen ihnen vor, ihre Landsleute und das gesamte kurdische Volk rücksichtslos ausgebeutet und eine idealtypische Kleptokratie errichtet zu haben. Von ihnen gehe Korruption, die Veruntreuung öffentlicher Gelder und die Verteilung der Erträge aus dem Erdölhandel aus. Kein Bereich der Wirtschaft sei vor dem Zugriff der Familien sicher, so heißt es. Und wer in Kurdistan Karriere machen wolle, der brauche das Wohlwollen einer der beiden Familien. Kritiker und politische Gegner würden von paramilitärischen Einheiten und der von ihnen kontrollierten Geheimpolizei Asayish gnadenlos beiseite geräumt. Der Eigennutz der Barzanis und Talabanis stehe dem demokratischen Rechtsstaat und dem Allgemeinwesen permanent im Weg.

Die Vorwürfe klingen wie eine typische politische Mafia-Saga aus einer Bananenrepublik. Sicherlich ist einiges davon zutreffend. Tatsache ist allerdings auch, dass die traditionellen gesellschaftlichen Strukturen der Kurden schon immer mächtige Clans kannten. Die öffentliche Ordnung wurde seit unzähligen Generationen durch tribalistische Organisationen aufrechterhalten.

In der ganzen Region – ob nun im Irak, dem Libanon oder Saudi-Arabien – ist das nicht anders. Diese Strukturen sind vom rasanten politischen Transformationsprozess der letzten Jahre kaum verändert worden. Tradition ist im Nahen Osten sehr resistent gegenüber der Moderne. Im autonomen irakischen Kurdistan, das formal ja eine parlamentarische Demokratie ist, gilt die fast uneingeschränkte Macht der Barzanis und Talabanis als notwendiges Übel. Beide haben ihre politischen Instrumente. Die Demokratische Partei Kurdistans (DPK) ist ein Anhängsel der Barzanis. Die Patriotische Union Kurdistans (PUK) gehört den Talabanis. Natürlich sind beide Parteien die wichtigsten *political players* der Region. Der Einfluss der Familienclans in der Politik wird als vorübergehende Begleiterscheinung des Demokratisierungs- und Liberalisierungsprozesses gesehen. Die Familien beuten zwar das politische System für ihre Interessen aus, aber ohne DPK und PUK gäbe es keine kontinuierliche Demokratisierung.

Das klingt paradox, doch für die Region ist es das sicherlich nicht. Gesellschaften können nicht mit einem knallharten Bruch von althergebrachten Herrschaftsstrukturen in die Demokratie springen. Traditionelle Gesellschaften müssen sich von innen heraus transformieren – sonst endet alles nur in einem Desaster. Das hat man nach der US-Invasion im Irak gesehen, aber auch beim sogenannten Arabischen Frühling in Libyen, Syrien und Ägypten.

Macht und Relevanz im Allgemeinen

Man muss sich stets in Erinnerung rufen, wie ich schon angedeutet habe, dass diese sozialen Strukturen bei den Kurden zwar besonders ausgeprägt, aber eben nicht untypisch für die Gesellschaften des Mittleren Osten sind. Clans und Stämme sind dort seit jeher mächtiger als die oft fernab gelegenen Zentralregierungen. Solche Großfamilien existieren auch länder- und grenzübergreifend. So war ich in Syrien zu Gast bei einem der Führer der mächtigsten arabischen Stämme überhaupt, den al-Shammar. Sie haben mehr als eine Million Mitglieder. Ich traf Humaydi Daham al-Hadi, das Oberhaupt, auf seinem Landsitz, trank mit ihm extrem starken Kaffee und Çay. Ich knüpfte wertvolle Kontakte, die mir bei meinen späteren Aufenthalten in der Region gute Dienste erwiesen. Was die kurdischen Stämme betrifft, so spreche ich lieber von »Familien« als von Clans, weil meine Beziehungen, insbesondere zu den Barzanis, durchaus familiärer Natur sind, auch wenn man sie nach politikwissenschaftlicher Einschätzung natürlich als Clans bezeichnen müsste. So besuchte ich mit Mitgliedern der Familie Barzani etwa deren Herkunftsregion Barzan, die im Gebirge zwischen Erbil und Duhok liegt.

Die zwei herrschenden Großfamilien haben ihre jeweilige Region in Kurdistan unverkennbar geprägt. Sie werden von der Bevölkerung respektiert. In etlichen Autos und Geschäften der Provinzen Erbil und Duhok sieht man das Konterfei von Masud Barzani als Aufkleber oder Foto. Manche tragen sein Porträt als Anstecker an der Brust. Dasselbe »Popstar-Phänomen« ist natürlich auch in Sulejmani bei Talabani-Anhängern zu beobachten. Die Anhänger beider Familien und ihrer zugeordneten Parteien erkennt man auch an ihren Kopfbedeckungen, den typisch gebundenen kurdischen Schals. Rot-Weiß sind die Barzani-Farben, Schwarz-Weiß die der Talabani. Diese beiden Farbkombinationen dominieren im Alltag der Autonomen Region Kurdistans. Übrigens sollte man die kurdische Kopfbedeckung keinesfalls mit den für westliche Augen ähnlich anmutenden Palästinenserschals verwechseln.

Jenseits der Grenze, im syrischen Rojava, fallen allerorts die sehr bunten, kräftigen Farben der YPG-nahen Kurden ins Auge. Deren Schals sind grün-rot-gelb. Die Farben sind durchaus als politische Aussagen zu verstehen, was man als Ausländer beachten sollte. Wenn ich in Kurdistan bin, nehme ich meist einen Schal in den neutralen Farben Weiß-Grün, den allgemeinen Farben der Kurden. Es wäre recht undiplomatisch, wenn man als ausländischer Gast oder gar Diplomat mit einem rot-weißen Schal in Sulejmani und mit einem schwarz-weißen in Erbil unterwegs wäre. In diesem Fall würde zwar nichts weiter passieren, dennoch wäre es bei politischen Terminen taktisch keinesfalls ratsam. Solche einfachen Verhaltensregeln sind wichtig.

Innerhalb der lokalen Einflusssphären beider Familien gibt es erhebliche Unterschiede, gerade was die Infrastruktur ihrer Regionen anbelangt. Bei meinen häufigen Besuchen in der Autonomen Region Kurdistan fiel mir immer wieder der exorbitante Unterschied zwischen dem Straßenbild in Sulejmani und in den Barzani-Provinzen auf. In Duhok und Erbil sind die Verkehrswege gut ausgebaut, es wird in die öffentliche Grundversorgung investiert. Im Talabani-Gebiet bewegt man sich stattdessen auf Schlaglochpisten, die Verkehrswege sind weitgehend marode.

Mein persönlicher Eindruck bestätigte die allgemeine Einschätzung, dass die Bereitschaft zur Modernisierung von Staat und Gesellschaft aufseiten der Barzanis ausgeprägter ist als im Talabani-Clan. Dies gilt für die Effizienz der Verwaltung insgesamt. Als es um die Unterstützung der von mir geleiteten Kurdischen Flüchtlingshilfe und den Transport von Hilfsgütern nach Rojava ging, zeigte sich die international hervorragend vernetzte *Barzani Charity Foundation* als rundum verlässlicher Partner. Sie besorgte unbürokratisch Zugangsgenehmigungen für Camps und die problemlose Übergabe von Hilfsgütern an den *Roten Halbmond* auf syrischer Seite.

Ich hätte meine gesamte Flüchtlingshilfe unmöglich auch nur annähernd so erfolgreich durchführen können, hätte ich nicht diesen freundschaftlichen Draht zur Barzani-Familie und ihrer Hilfsorganisation. Während der Belagerung von Efrîn organisierten wir über 1000 Lebensmittelrationen für hungernde Familien, die per LKW angeliefert werden sollten. Dank der Kontakte unserer kurdischen Flüchtlingshelferin stellte die *Barzani Charity Foundation* einen LKW kostenlos zur Verfügung. Die dadurch eingesparten Kosten konnten wir in zusätzliche Hilfsgüter investieren. Statt offizieller Anträge und schriftlicher Anfragen genügt bei den meisten Anliegen ein kurzer

Anruf, schon wenig später ist alles geklärt. Hier erwies sich der ungeheure Einfluss, den die Familien haben, also als Segen.

Die Barzani und Talabani sind zwar die bedeutendsten kurdischen Stammesverbände, aber keineswegs die einzigen. Es gibt durchaus noch andere, wie etwa die Familie Jaff, deren angestammtes Gebiet von Sulejmani bis an die iranische Grenze reicht. Allerdings kommt deren Einfluss nicht an denjenigen der dominierenden Familien heran. Zwara Jaff, der exzellent vernetzt ist, auch in Deutschland, war gemeinsam mit seinem Vater unser Ansprechpartner, als wir mitten im Winter nach einem Erdbeben in der dortigen Region die humanitäre Hilfe organisierten und Winterdecken und Lebensmittel beschafften. Auch dort lief alles nur über die Familie Jaff, deren Kontakte uns prompt alle Türen öffneten, wo immer Not am Mann war.

Die guten Beziehungen zu den einzelnen Familien, über die ich inzwischen verfüge, konnte ich auch mehrfach für befreundete internationale Journalisten nutzen – so etwa auch für Reporter der *Bild*-Zeitung. Wann immer eine Passierberechtigung oder sonstige Genehmigungen notwendig sind, bitten mich die Medienvertreter um Hilfe. Mein erster Ansprechpartner ist dann in der Regel Dilshad Barzani, der Botschafter der Autonomen Region Kurdistan in Deutschland, oder eben auch die *Barzani Charity Foundation*. Ich bin dabei stets um Neutralität bemüht, stehe aber auch dazu, dass ich zur Familie Barzani – wie schon erwähnt – freundschaftliche Beziehungen pflege. Das will und kann ich nicht leugnen.

Es ist bisweilen eine Gratwanderung, einerseits mit der dominanten Familie zu kooperieren, sich jedoch andererseits nicht vereinnahmen zu lassen. So bin ich seit Beginn meines Engagements für Kurdistan sehr eng mit dem Sohn des Botschafters der Autonomen Region Kurdistan,

Piran Barzani, befreundet, der extrem hilfreich ist. Natürlich habe ich auch einen sehr guten Kontakt zu seinem Vater, Dilshad, dem ich stets behilflich bin, wann immer es um die Anbahnung von Kontakten zu deutschen Politikern geht. Auch wenn dies gewiss nicht auf alle Mitglieder der Barzani-Familie zutrifft, sind meiner Überzeugung nach Piran und sein Vater äußerst engagierte und kompetente Pragmatiker, die keinesfalls nur die Interessen ihrer Familie im Blick haben. Sie verfechten vielmehr die Sache aller Kurden mit Herzblut und stellen, so jedenfalls mein Eindruck, hierbei auch eigene Interessen zurück.

Die Vorgeschichte der Familien

Die Geschichten der beiden Familien Barzani und Talabani sind untrennbar miteinander verbunden und spiegeln zum Großteil die Spannungen und Brüche wider, denen die kurdische Bevölkerung im Irak und in den angrenzenden Gebieten seit Mitte des 20. Jahrhunderts ausgesetzt ist.

Mustafa Mullah Barzani, Führer des Eşirets (also des Volksstamms) aus der gebirgigen Region Barzan im Nordirak, beteiligte sich bereits in den 1940er-Jahren an mehreren kurdischen Aufständen gegen die irakische Zentralregierung und stieg innerhalb der kurdischen Hierarchien rasch auf. 1946 wurde er zum ersten Vorsitzenden der DPK gewählt. Im selben Jahr ging er ins iranische Exil und kommandierte dort die Armee der gerade ausgerufenen, äußerst kurzlebigen Republik Mahabad. Nach deren Zerschlagung floh er mit seinen Anhängern in die Sowjetunion und kehrte 1958 zurück, um sich Abd-al Karim Qazim anzuschließen. Dieser hatte erfolgreich gegen die Monarchie im Irak geputscht. Anfänglich war Barzani mit Privilegien ausgestattet und wurde vom neuen Militärregime Qazims protegiert. Jedoch kam es bald zum Bruch, als Barzani kurdische Autonomie forderte, das Kurdische als eigene Amtssprache und das Recht zur Aufstellung eigener Polizei- und Militäreinheiten verlangte. Der Konflikt nahm an Schärfe zu und führte 1961 zur Bombardierung der Kurdengebiete durch die irakische Luftwaffe. Dies war der Startschuss für eine bis 1970 andauernde Bürgerkriegsphase. Barzani und seine DPK hatten in dieser Zeit die unangefochtene Führungsrolle bei der kurdischen Peshmerga inne.

In diesen Jahren hat auch die bis heute anhaltende Rivalität zwischen den Familien Talabani und Barzani ihren Ursprung. Dschalal Talabani, Oberhaupt seines Eşirets in der Region Sulejmani, war bereits kurdischer Aktivist, als er 1953 zusammen mit Omar Dabbabah und Ali Abdullah das *Kurdische Studentenwerk* gründete. Zu besonderem Ansehen verhalf Talabani seine Heirat mit der Tochter des von vielen Kurden verehrten Intellektuellen Ibrahim Ahmad. Dieser hatte erheblichen Einfluss auf die kurdisch-nationalistische Bewegung und galt besonders für die politische Linke als Visionär und Vordenker.

1961 schloss sich der damals erst 28-jährige Talabani, noch während seines Jurastudiums, den von Mullah Mustafa Barzani angeführten revolutionären Kräften gegen das Regime Qazims an. In der DPK stieg Talabani in kurzer Zeit bis an die Parteispitze auf. Barzani sah in dem jungen Mitstreiter einen hervorragenden Verbündeten, der über wertvolle Kontakte zu internationalen Geheimdiensten verfügte.

Konflikt und Bürgerkriege

Doch die gute Beziehung hielt nicht lange. 1964 kam es zum Bruch mit Barzani, als Talabani und sein Schwiegervater Ibrahim Ahmad die DPK verließen. Angeblich waren sachliche Unstimmigkeiten und persönliche Differenzen mit Mullah Mustafa der Anlass. Zeitgenossen vermuteten jedoch eher einen schon damals schwelenden Machtkampf zwischen beiden Führern. Talabani schloss sich ein Jahr später einer abtrünnigen Splittergruppe an, die sich 1966 mit der irakischen Zentralregierung verbündete und die DPK bekämpfte. Hier wurde erstmals der später immer wieder erhobene Vorwurf eines »Verrats« Talabanis laut, der auch als »Söldner« geschmäht wurde. Es war der Beginn des blutigen Bruderkriegs, eines *infighting*, dessen Nachwirkungen den Kampf der Kurden um Einheit und Autonomie bis heute lähmen.

1970, nach der Machtergreifung Saddam Husseins, war Talabani als stellvertretender Ministerpräsident in Bagdad im Gespräch, was für ihn jedoch eine räumliche Trennung und Entfremdung von seinen kurdischen Clan-Gebieten bedeutet hätte. Er baute im Raum Sulejmani seine Machtposition aus, während sein Rivale Barzani die Gebiete von Duhok und Erbil unter seine Kontrolle brachte.

1975 gründete Talabani in West-Berlin die PUK, die bis heute die Machtbasis des Clans darstellt und sich fest in der Hand seiner Familie befindet. Damit war die DPK, von der sich zudem noch die radikale Kurdisch-Revolutionäre Partei abgetrennt hatte, endgültig gespalten. Übrig blieb eine Rumpf-DPK, die sich unter Mullah Mustafas ältestem Sohn und designiertem Erben Ubaidullah Barzani pro-irakisch ausrichtete. Mullah Mustafa Barzani erkrankte kurz darauf schwer, reiste zunächst zur medizinischen Behandlung in die USA und daraufhin in den Iran, wo ihn der Schah duldete, jedoch unter Hausarrest stellte. 1979 starb Barzani. Sein Sohn Ubaidullah fiel ein Jahr später einem bis heute nicht aufgeklärten Mordanschlag zum Opfer. Die Führung der DPK ging auf seine jüngeren Brüder, Idris und Masud, über. Nachdem Idris 1987 verstarb, wurde Masud das Oberhaupt der Barzanis und blieb es bis heute. Gerüchten zufolge hatte Mullah Mustafah seinen Sohn Masud noch zu Lebzeiten als den geeignetsten Nachfolger bezeichnet, da dieser bei mehreren Geheimdiensten ausgebildet worden sei und die besten Führungseigenschaften besäße.

Während die DPK innerhalb des Irak einen eher gemäßigten Kurs der politischen Mitte verfolgte, verbündete sich Talabani zunächst mit dem Iran und mit der syrischen Baath-Partei gegen das Regime Saddam Husseins. Durch den Ersten Golfkrieg zwischen dem Irak und dem Iran schwand die Macht der irakischen Zentralregierung in Kurdistan. Talabani nutzte die Gelegenheit und brachte mit Unterstützung der iranischen Armee große Teile Kurdistans zwischen Kirkuk und der iranischen Grenze unter seine Kontrolle. 1988 ordnete Saddam Hussein aus Rache für diese Aktion die berüchtigten Giftgasanschläge in der Gegend von Halabdscha an, denen Zehntausende Zivilisten zum Opfer fielen. Talabani floh ins iranische Exil. Als die USA und ihre Verbündeten im Zweiten Golfkrieg 1991 Saddam angriffen, sah Talabani seine Stunde gekommen und führte einen bewaffneten Aufstand gegen die Regierung in Bagdad an.

Nachdem die westlichen Alliierten den Kurden die Teilautonomie in ihren Siedlungsgebieten zugestanden und sowohl PUK als auch DPK Demokratie und »Freiheit für alle Kurden« verkündet hatten, schien die Aussöhnung der alten Rivalen in greifbare Nähe zu rücken. Doch schon kurz darauf flammte der innerkurdische Bruderkampf neu auf. Denn Barzanis DPK gab sich erneut gemäßigt und bemühte sich um einen Ausgleich mit der Führung in Bagdad, während Talabani eher auf Distanz zur Zentralregierung ging. Beide Parteien versuchten, möglichst große Teile der kurdischen Bevölkerung hinter sich zu bringen. Die Folge war ein Bürgerkrieg um die Vorherrschaft in den irakischen Kurdengebieten. Diesen trugen die Talabani-Peshmerga und die Parteisoldaten von Masud Barzani alsbald mit erbitterter Härte untereinander aus. Mehr als einmal konnte Talabani seine Machtbasis in Sulejmani nur durch massive iranische Unterstützung behaupten.

Parallel versuchten revolutionär-marxistische politische Kräfte in Kurdistan ihren Einfluss geltend zu machen. Auch die exponierte Lage des Landes im Grenzgebiet zur Türkei provozierte immer wieder militärische Konflikte. Vor allem weil die türkische PKK den kurdischen Nordirak seit den 1980er-Jahren als Operations- und Rückzugsgebiet nutzte, führte die Türkei wiederholt militärische Interventionen im Nordirak durch. Die Sicherheitslage in Kurdistan war daher dauerhaft angespannt. Trotzdem blieb die generelle Aufteilung des Landes in die beiden Machtblöcke Barzani/DPK und Talabani/PUK bestehen.

Die jüngere Entwicklung

1998 schlossen Talabani und Barzani schließlich in Washington ein Friedensabkommen, das den innerkurdischen Bürgerkrieg beendete.

Nach dem Dritten Golfkrieg 2003 wurde der Diktator Saddam Hussein endgültig entmachtet. Talabani näherte sich den USA an und distanzierte sich von seinem Verbündeten Syrien. Als Lohn für diesen Kurswechsel unterstützten die USA seine Bewerbung um die irakische Präsidentschaft. 2005 wurde Talabani zum ersten kurdischen Staatspräsidenten des Irak gewählt und verfolgte eine dezidiert pro-westliche Politik. Ebenfalls 2005 wurde Masud Barzani zum Präsidenten der Autonomen Region Kurdistan gewählt, was er bis 2017 blieb. Die beiden mächtigsten kurdischen Clan-Oberhäupter bekleideten damit die Schlüsselpositionen, mit denen die kurdische Sache vorangetrieben werden konnte – der eine als Chef der irakischen Zentralregierung, der andere als lokaler, demokratisch gewählter Führer der Autonomiegebiete. Talabanis Präsidentschaft endete 2014; Barzani, dessen Mandat als Präsident der Autonomen Region Kurdistan eigentlich auf zwei Amtsperioden beschränkt war, blieb nach mehrmaliger Verlängerung durch das Parlament bis 2017 im Amt.

Unter dem Eindruck des scheinbar unaufhaltsamen Siegeszugs des IS im Irak, der auch zunehmend Kurdistan bedrohte, vereinten sich die kurdischen Peshmerga beider großen Parteien. Ihnen gelang, was kaum einer für militärisch möglich gehalten hatte: Gemeinsam wurde der IS zurückgedrängt. Damit bewiesen die Kurden wieder einmal, dass sie ein bedeutender regionaler Machtfaktor sind, sobald sie an einem Strang ziehen. Aber das Bündnis hielt leider nicht lange. Kaum war der IS besiegt, traten erneut die alten Konflikte zwischen den beiden kurdischen Machtblöcken zutage.

Als der irakische Staat zunehmend Zerfallsprozesse offenbarte, glaubte Barzani, nun sei die Zeit reif für die Umsetzung seiner Vision eines unabhängigen kurdischen Staates. Er wollte mehr als nur den aktuellen Autonomiestatus, nämlich echte Souveränität der Autonomen Region Kurdistan in Form einer Abspaltung vom Irak. Dagegen war Talabani, wohl auch mit Rücksicht auf iranische Interessen, in dieser Frage deutlich zurückhaltender. Er teilte die Entschlossenheit Barzanis nicht, mit der dieser das kurdische Unabhängigkeitsreferendum vorantrieb.

Barzani kümmerte sich wenig um die innerkurdische Kritik und ließ trotz vieler Warnungen im September 2017 das Referendum zur Unabhängigkeit der Autonomen Region Kurdistan abhalten. Zwar führte dies mit über 92 Prozent Zustimmung unter der teilnehmenden kurdischen Bevölkerung zum erwünschten Resultat, aber auch zu massiven Repressalien des irakischen Militärs. Sämtliche Sympathien, die es bei irakischen Spitzenpolitikern für die Kurden vorher gegeben hatte, schwanden gegen null. Erwartungsgemäß erklärte das irakische Verfassungsgericht das Referendum für verfassungswidrig.

Die irakische Regierung nahm die Abstimmung in Kurdistan als Vorwand für den Einmarsch ihrer Truppen in die Erdölmetropole Kirkuk und in andere Gebiete, die die Autonome Region Kurdistan im Kampf gegen den IS besetzt hatte. Zudem wurde der internationale Flughafen in Erbil von der irakischen Luftfahrtbehörde über Monate geschlossen. Barzanis Beharren auf dem Referendum erwies sich als kontraproduktiv für Politik und Ökonomie der Autonomen Region Kurdistan. Bei vielen Kurden büßte der große Führer einen Teil seines Vertrauens ein. Barzani erkannte das Dilemma. Ende Oktober 2017 legte er sein Amt als Präsident nieder, blieb aber weiterhin Chef der DPK. Seine Macht und den Einfluss seiner Familie hat das wenig geschmälert. Sein Neffe Necirvan Barzani ist weiterhin Ministerpräsident der Autonomen Region Kurdistan.

Die alte Feindschaft zwischen den Barzanis und den Talabanis brach im Oktober 2017 wieder offen aus. Die Talabani-Peshmerga hatten Kirkuk nicht gegen die irakische Armee verteidigt, sondern vielmehr die Stadt kampflos übergeben. Es waren pro-iranische Einheiten Bagdads, die sogenannten Al-Haschd asch-Scha'bī -Milizen, die Kirkuk angriffen. Wie sich herausstellte, hatten die Talabani mit ihrem alten Verbündeten, dem Iran, einen Deal ausgehandelt, der ihnen offenbar Vorteile sicherte. Gerüchten zufolge war Qasem Soleimani, der Chef der Revolutionären Garden, vor der Offensive mehrfach in Kirkuk zu Besuch. Dschalal Talabani war kurz vor den Ereignissen in Kirkuk nach langer Krankheit gestorben. Sein Vertrauter, Kosrat Ali, führt nun die PUK. Und der politische Einfluss bleibt auf höchster Ebene bestehen: Talabanis Sohn Qubad ist stellvertretender Ministerpräsident der Autonomen Region Kurdistan.

Aus Sicht der Barzanis hatte sich in Kirkuk wieder einmal bewiesen, dass den Talabanis nicht zu trauen ist. Sie waren überzeugt, dass diese Kurdistan verraten hatten. Mit der Annäherung, zu der es während des Kampfes gegen die IS-Terroristen gekommen war, ist es seither endgültig wieder vorbei. Die Entzweiung hat auch eine grundsätzliche weltanschauliche Komponente. Denn die Auseinandersetzung beider Familienclans trägt Züge eines Stellvertreterkonflikts: Die westlich orientierten Kräfte des Lagers Barzani stehen dem pro-iranischen Machtblock der Talabanis gegenüber. Trotz aller Gegensätze existieren jedoch im Interesse der kurdischen Einheit und einer weiteren Demokratisierung der Autonomen Region Kurdistan noch fortschrittliche Politiker, die alles daransetzen, den alten Antagonismus zu überwinden. Ein erster Schritt ist die vorgesehene Zusammenlegung der Peshmerga-Einheiten beider Parteien unter einem einheitlichen Oberbefehl. Aus Parteisoldaten sollen Staatsdiener werden. Zudem soll es Gespräche zwischen Vertretern beider Seiten geben, die in Zukunft eine neue Eskalation vermeiden wollen.

Diese Entwicklungen lassen hoffen. Auch wenn vor allem der Iran alles daransetzt, beide Familien gegeneinander auszuspielen und damit die Kurden weiter zu spalten, steht für mich fest: Die Kurden schwächen sich allenfalls selbst, tun dies jedoch in ernüchternder Regelmäßigkeit immer wieder. Es wird wohl noch Jahrzehnte dauern, bis die Familien Barzani und Talabani ihre politische, ökonomische und soziale Dominanz in ihren Herrschaftsgebieten zugunsten echter demokratischer Strukturen aufgeben. Nepotismus, Korruption und Neofeudalismus sind im Mittleren Osten nicht so leicht zu überwinden, und Kurdistan ist da keine Ausnahme.

5. ABDULLAH ÖCALAN UND DIE PKK

Wer sich mit der jüngeren Geschichte des kurdischen Volks auseinandersetzt, kommt zwangsläufig an Abdullah Öcalan nicht vorbei. Der Gründer der türkischen Arbeiterpartei PKK, jahrzehntelang Staatsfeind Nr. 1 der Türkei und wirkungsmächtigster Verfechter der kurdischen Sache, ist auch im Westen bekannt. Seine Persönlichkeit polarisiert bis heute. Während er für die einen das Musterbeispiel eines verblendeten marxistischen Extremisten und Terroristen darstellt, ist er für die anderen Freiheitskämpfer und Gesellschaftsreformer.

1978 gründete Abdullah Öcalan mit zwei Dutzend Mitstreitern in der türkischen Provinz Diyarbakır (kurdisch: Amed), die mitten in Bakur liegt, die PKK. Sie verfolgte damals eine marxistisch-leninistische Linie und den bewaffneten Untergrundkampf. Ihr Ziel war eine sozialistische Revolution als Voraussetzung für einen separaten Kurdenstaat, und sie wurde deshalb von der Türkei sofort bis aufs Messer bekämpft. Wie zahlreiche militante linksextreme Bewegungen jener Zeit nutzte die PKK auch die antiimperialistische Stimmung und die Vernetzung mit der kommunistischen Internationale, um einen nationalen Befreiungskrieg mit dem Konzept der »Weltrevolution« zu verbinden. Unter Öcalan wurde das kurdische Newroz-Fest am 21. März als Tag der nationalen Erhebung zum Sinnbild des kurdischen Freiheitskampfs in der Türkei erklärt. Seither wird er von vielen Kurden weltweit mit großen Kundgebungen gefeiert.

Von Anfang an verstand sich Öcalan als innerkurdischer Gesellschaftsreformer, der eine Modernisierung durch die Überwindung patriarchaler und spätfeudaler Strukturen erreichen wollte. Seine sozialen Forderungen zielten auf eine klassenlose Gesellschaft mit allgemeiner Teilhabe an Wohlstand und Ressourcen ab. Auch den Vorrang des Kollektivs vor dem Einzelnen schrieb sich Öcalan auf die Fahnen. Seine Schriften über Emanzipation und die Frauenbewegung sowie sein Konzept einer jugendlichen kurdischen Avantgarde waren damals durchaus wegweisend und ihrer Zeit voraus. In der mehrheitlich traditionalistischen Landbevölkerung entfalteten seine Gedanken jedoch keine zündende Wirkung.

Zudem stand die extreme Gewaltbereitschaft der PKK in eklatantem Widerspruch zu diesen fortschrittlichen Zielen. Hinzu kam Öcalans kompromissloser, ja diktatorischer Führungsanspruch, der in einen stalinistisch anmutenden Personenkult und der totalitären Verherrlichung seiner Person mündete. Noch heute hängen in vielen Gebäuden, in Büros und auf öffentlichen Plätzen möglichst große Poster des »Führers«. Gegen Rivalen und innerparteiliche Oppositionelle ging Öcalan mit brachialen Gegenmaßnahmen vor. Dazu zählten selbst Auftragsmorde, Schauprozesse und öffentliche Exekutionen. Seine Gegner schmähten Öcalan daher stets als intoleranten Machtmenschen und glasklaren Faschisten. PKK-Dissidenten wie Selim Cürükkaya, der das Buch *Die Diktatur des Abdullah Öcalan* schrieb, verglichen Öcalans zynischen innerparteilichen Führungsstil zum

Machterhalt mit einem »Orwell'schen Überwachungsstaat ersten Rangs«.

Mit der Volksbefreiungsarmee Kurdistans (seit der Jahrtausendwende: *Hêzên Parastina Gel,* HPG) schuf Öcalan einen ihm treu ergebenen militärischen Arm der Partei. Die HPG kämpfte gegen die Unterdrückung des Kurdentums durch den türkischen Staat mit radikalem Terror, setzte diesen aber auch gegen kurdische Clans und Großgrundbesitzer ein. Dennoch stilisierte die innerparteiliche Propaganda die Drahtzieher von grausamen Bluttaten zu ruhmreichen Helden. Gefallene der PKK haben generell den Status »Märtyrer«. Die Heldenverehrung reicht so weit, dass die Witwen und Mütter getöteter PKK-Soldaten bis heute weiße Kopftücher tragen und mit besonderem Respekt behandelt werden.

Von anderer Seite wird das archaische Ehrenverständnis von PKK-Anhängern kritisiert, das einer fast religiösen Unterwerfung gegenüber Öcalan gleichkommt. Totale Aufopferung und sogar Exzesse wie Selbstverbrennungen oder -verstümmelungen sind Teil der kollektiven Unterwerfungsrituale für Apo, »Väterchen«, wie Öcalan auch genannt wird. Insbesondere die medienwirksamen Selbstverbrennungen auf Autobahnen oder öffentlichen Plätzen prägten in den 1980er- und 1990er-Jahren das Bild der PKK im Westen.

Vor allem in den ersten zehn Jahren seit ihrer Gründung verbreitete die PKK Angst und Schrecken – insbesondere in der Türkei und im Nordirak, vereinzelt jedoch auch in Westeuropa. Attentate, Entführungen und Bombenanschläge waren damals fast an der Tagesordnung. Bis in die 1990er-Jahre standen nicht mehr als rund 2500 militante PKK-Kämpfer unter Waffen. Doch ihnen gelang es, den türkischen Staat in einen blutigen Krieg zu verwickeln, der bis zu

Öcalans Festnahme 1999 über eine Million Vertriebene und, je nach Lesart, 30 000 bis 50 000 Todesopfer gefordert hatte. Die Verantwortung hierfür trägt bis heute hauptsächlich die türkische Regierung.

Ab Ende der 1980er-Jahre kam es auch zu Übergriffen auf kurdische Dörfer. Schon 1979 hatte die einseitige Unterstützung der PKK für einzelne kurdische Stämme einen regelrechten innerkurdischen Bürgerkrieg ausgelöst. Ein Dorn im Auge war der PKK das vor allem im Südosten bestehende sogenannte »Dorfschützer-System«, bei dem lokale Wehrmilizen im Sold des türkischen Staates gegen die PKK aufgestellt wurden. Auch die PKK verschuldete mit ihren Aktionen den Tod unzähliger kurdischer Landsleute. Vor allem aufgrund dieser Vorgänge und der von ihm geschürten internen Rivalitäten war Öcalan unter der kurdischen Bevölkerung immer umstritten – und das ist er bis heute.

Öcalan wurde 1999 – vermutlich unter Beteiligung der USA – in Kenis durch den türkischen Geheimdienst entführt und in der Türkei vor Gericht gestellt; sein geheimes Hauptquartier der PKK in Nordsyrien wurde enttarnt. Die Folge waren extreme Ausschreitungen. Innerhalb und außerhalb der Türkei, auch in europäischen Großstädten, kam es zu massiven Protesten bis hin zu Selbstverbrennungen – letztere vor allem durch Öcalan-Anhänger in türkischen Gefängnissen.

Seit seiner Festnahme und Inhaftierung betätigte sich Öcalan vor allem als staatspolitischer Vordenker, Intellektueller und Philosoph. Die letzten fast 20 Jahre im türkischen Hochsicherheitsgefängnis hat er genutzt, um etliche Bücher und Schriften zu verfassen, die für seine Anhänger und weite Teile der kurdischen Eliten – vor allem in Bakur und Rojava – wegweisende Lehren darstellen. Sie zeigen auch eine innere Wandlung des einst so kompromisslosen Briganten hin zum sensiblen, teilweise humanistisch eingestellten Verfechter der Zivilgesellschaft. Die ehemals marxistischen Positionen hat Öcalan zugunsten eines sogenannten liberalen Kommunalismus aufgegeben, der auch zur geistigen Grundlage seiner Idee der »demokratischen Konföderation« wurde. Orientalisten und Soziologen bescheinigen Öcalans gesellschaftsphilosophischen Texten, dass sie differenziert und fundiert und ein Schlüssel zum Verständnis der Probleme und Herausforderungen des gesamten Mittleren Ostens und seiner Völker seien. Der heutige Autor Öcalan unterscheidet sich von dem früheren Guerillero Öcalan ganz wesentlich; schon daher ist die bloße Verengung auf die Etikette »Terroristenführer« mittlerweile unhaltbar.

Am 1. August 1999 rief Öcalan die PKK zur Einstellung des bewaffneten Kampfs auf. Die meisten seiner fast 5000 paramilitärischen Anhänger, von denen sich der Großteil in den Kurdengebieten des Nordirak und Nordsyriens befand, legten daraufhin tatsächlich die Waffen nieder. 2002 erklärte sich die PKK vorläufig für aufgelöst und benannte sich zunächst um in Kadek (»Kongress für Freiheit und Demokratie in Kurdistan«), kurz darauf sodann in Kongra-Gel (»Kurdistan-Volkskongress«).

Öcalans auch nach der Inhaftierung weiterbestehender Führungsanspruch blieb ungeachtet der Reorganisation unangefochten. Er wurde zum Ehrenvorsitzenden ernannt. Zugleich entstand die ebenfalls aus der PKK hervorgegangene KCK (»Union der Gemeinschaft Kurdistans«); auch in deren Gründungsurkunde wird Öcalan als lebenslanger und natürlicher Führer festgelegt.

2005 wurde von Öcalan das Konzept des demokratischen Föderalismus verkündet. Es folgt dem Modell des libertär-anarchistischen und strikt ökologisch orientierten US-amerikanischen Publizisten

Murray Bookchin (1921–2006). Dieser war Gründungsdirektor des Institute for Social Ecology (ISE) in Vermont und Autor zahlreicher antikapitalistischer und globalisierungskritischer Schriften. Die programmatischen Inhalte von Kadek und KCK entsprechen demnach weniger den einst für die PKK so charakteristischen sozialistisch-revolutionären Forderungen. Stattdessen sollen die traditionellen gesellschaftlichen und politischen Abhängigkeiten der Kurden durch eine stufenweise Überwindung staatlicher Strukturen aufgelöst werden. Letztlich ist darunter nichts anderes zu verstehen als eine Abwendung von Autoritäten, Hierarchien, also staatlichen Strukturen insgesamt. Aus dem marxistischen »Väterchen« ist ein Anarchist geworden. Alle Macht der Basisdemokratie! Konsequent zu Ende gedacht, schafft Öcalan damit sich selbst und die PKK ab. Denn Parteien und autokratische Führer sind mit dem neuen Ideal unvereinbar.

In den Statuten der KCK wird Öcalans Rolle als Spiritus Rector hervorgehoben: »Er (Öcalan) ist der philosophische und strategische Theoretiker einer auf Ökologie und Geschlechterbefreiung aufbauenden Demokratie.« Seine Forderungen richten sich jedoch wenig an der aktuellen sozialen Realität der Mehrheit der Kurden aus. Diese leben noch immer in quasi feudalistischen Clan-Strukturen und regionalen Machtblöcken. Öcalans Vision ist eine waschechte Utopie, wie von der Jahrtausendwende in die Gegenwart versetzt. Doch selbst Kritiker müssen zugeben, dass diese Utopie in Rojava tatsächlich schon weitgehend umgesetzt ist. Die Konföderation Nordsyrien, die fast ein Drittel der Gesamtfläche Syriens umfasst, wird in der Tat von basisdemokratisch organisierten, dezentralen Regierungen verwaltet. Kurden, Araber, Assyrer und Turkmenen arbeiten dort gemeinsam. Ihre Sprachen und Kulturen sind durch eine neue Verfassung verbrieft.

Nicht nur westliche Beobachter sehen das Modell als mögliche Lösung für die Zukunft des gesamten Staats Syrien. Statt einer Zentralregierung, die von Damaskus aus autoritär herrscht, könnte ein föderales System mit einzelnen autonomen Bundesstaaten entstehen. So könnte dem Vielvölkergemisch in Syrien Rechnung getragen werden, weitere gewalttätige Konflikte ließen sich zukünftig womöglich verhindern.

Im Gegensatz zur alten PKK der 1980er- und 1990er-Jahre verzichteten Kongra-Gel und KCK weitgehend auf sozialistische Dogmen und stellten eine pan-kurdische Föderation demokratisch verfasster autonomer Gemeinschaften in den Mittelpunkt ihrer Bemühungen. Erstmals wurde außerdem die Bereitschaft der Partei erklärt, eine Lösung der kurdischen Frage innerhalb der bestehenden Grenzen der Türkei zu finden und deren territoriale Integrität nicht zu zerstören. Das war ein weiterer wichtiger Schritt, nachdem 1993 das Ziel eines eigenen kurdischen Staats aufgegeben worden war.

In den ersten Jahren nach Öcalans Inhaftierung verfolgten seine Nachfolger bei Kongra-Gel tatsächlich eine gemäßigte Haltung und vermieden, dem Wunsch ihres Vorsitzenden entsprechend, weitere Eskalationen mit dem türkischen Staat. Erstmals wurde der Ausnahmezustand im Südosten der Türkei aufgehoben. Seitens Kadek wurden die Beziehungen zu den zivilen politischen Kräften vertieft, insbesondere zur HADEP (»Volkspartei für Demokratie«), der damals größten kurdischen Partei der Türkei. Als die türkische Regierung diese jedoch 2003 verbot, flammten die Aufstände wieder auf. Daran konnte auch die versöhnliche Geste nichts ändern, das Todesurteil gegen Öcalan in lebenslange Haft abzumildern. Die KCK führte prompt wieder, wenn auch in geringerem Maß als zu Öcalans aktiven Zeiten im Untergrund, gewaltsame Aktionen durch. Erneut kam es zu militärischen Zusammenstößen zwischen türkischer Armee und

Kadek-Einheiten im Nordirak, wo Kongra-Gel nach wie vor seine stärkste Machtbasis hatte. Abermals forderte der Konflikt jährlich mehrere Hundert Tote auf beiden Seiten.

Aufgrund interner Machtkämpfe um Öcalans Bruder und dessen Teilabspaltung von Kongra-Gel gründete sich 2005 die PKK neu. Unter Vorsitz von Mustafa Karasu wurde die KKK/TK gebildet (Koma Komalên Kurdistan, deutsch: Kurdistan Demokratischer Konföderalismus/Türkei-Koordination), die nach den Zielen der KCK autonome und demokratische Strukturen verfolgt. Die »Türkei-Koordination« unterstrich dies, als sie sich in »Türkei-Parlament« (TM) umbenannte. Die KKK/TM strebt seither die Bildung einer eigenen, fortschrittlichen Verwaltung in den Kurdengebieten an, eine unabhängige Justiz und eine kurdische Konföderation auf dem Gebiet der Türkei. Trotz ihres vorgeblichen Bekenntnisses zur Demokratie unterstützt sie den bewaffneten Kampf und richtet sich ideologisch an der PKK und Abdullah Öcalan aus.

Die Gründungserklärung von TKK/TK ist seither die Grundlage der Union der kurdischen Gemeinschaft, als die sich die PKK/Kongra-Gel 2007 neu organisierte. In den übrigen Kurdengebieten außerhalb der Türkei unterhält die PKK mit ihr assoziierte Schwesterorganisationen. Am bekanntesten ist die PYD in Syrien. Im Irak existiert analog dazu die Partei für eine politische Lösung in Kurdistan (PCDK). Im Iran ist es die Partei für ein freies Leben in Kurdistan (PJAK). Dachorganisation aller Parteiorganisationen ist die KCK, die damit das Ziel der Kurdenunion aufrechterhält.

2006 bot die KCK der türkischen Regierung einseitig die Einstellung des bewaffneten Kampfes an – unter der Voraussetzung, es würden eine eigenständige kurdische Identität, ein umfassender ethnischer

Minderheitenschutz, Grundrechte wie Meinungs- und Religionsfreiheit sowie demokratische Strukturen gewährleistet. »Gesellschaftliche Ungleichheiten« müssten beseitigt werden, außerdem alle inhaftierten PKK-Mitglieder einschließlich Öcalans freigelassen werden. Unter diesen Bedingungen sei man zur schrittweisen Einstellung des Guerillakampfs bereit.

Unter der Erdoğan-Regierung hat sich die Gewaltspirale allerdings verschärft. Seit Beginn des syrischen Bürgerkriegs 2011 und dem Aufstieg des IS wurden insbesondere die PKK-loyalen Einheiten im Nordirak und in Nordsyrien in den letzten Jahren immer wieder in Auseinandersetzungen mit der Türkei verwickelt, so zum Beispiel bei deren wiederholten militärischen Interventionen in die KKK/TM-Basisgebiete im Nordirak und vor allem bei der Belagerung kurdischer Städte im Nordirak. Die dortigen kurdischen Einheiten sahen sich nicht selten einem Mehrfrontenkonflikt ausgesetzt, in dem sie zum einen gegen radikalislamische Milizen kämpfen mussten, zum anderen gegen die mit den Dschihadisten de facto verbündete türkische Armee. Der Kampf um Efrîn durch die mit der PKK assoziierten YPG/PGY-Truppen wurde weltweit gewürdigt.

So setzt sich der bewaffnete Kampf mit der Türkei fort, der auf dem Gebiet der Autonomen Region Kurdistans, wo die PKK-Verbände ihre Basen haben, eher militärische als terroristische, asymmetrische Züge trägt. Innerhalb der Türkei hingegen handelt es sich eher um einen Guerillakampf. Hier verüben PKK-Anhänger bis heute Anschläge. Seit den Drangsalierungen gegen prokurdische Politiker der HDP und Verhaftungswellen gegen kurdische Oppositionspolitiker nahmen die von der KKK/TM zu verantwortenden Anschläge gegen »zivile Ziele« massiv zu. Entsprechend den Weisungen Öcalans hat die Parteiführung zwar offiziell der Gewalt gegen »Unschuldige« und

»Zivilisten« abgeschworen. Doch man bekennt sich nun demonstrativ dazu, ausschließlich Vertretern des Regimes Schaden zuzufügen – Polizisten, Soldaten und Politikern, deren Einsatz in den Kurdengebieten freiwillig erfolgt und die somit als willige Vollstrecker des Erdoğan'schen Terrorregimes bezeichnet werden können.

Auch wenn ich die gewaltsamen Methoden keinesfalls gutheißen will, muss hierzu angemerkt werden, dass diese uniformierten Kräfte mit einem deutschen Verständnis von Polizisten und Soldaten nicht das Geringste gemein haben. Es sind vielmehr willige Vollstrecker einer türkischen Politik, die mehrheitlich für Verbrechen wie Totschlag, Folter, Vergewaltigung und Vertreibung verantwortlich sind. Darüber hinaus kommt es leider auch immer wieder zu grausamen Hinrichtungen und Ermordungen kurdischer Zivilisten, denen »Verrat« am kurdischen Freiheitskampf oder Kollaboration mit den türkischen Behörden vorgeworfen wird. Diese Verbrechen stehen im Widerspruch zu dem pazifistischen, menschenfreundlichen Image, das sich Abdullah Öcalan aus dem Gefängnis heraus und seine Gefolgsleute in der Führungsebene der Union der kurdischen Gemeinschaft zu geben versuchen.

Überdies gibt es Gruppierungen wie etwa die TAK (»Freiheitsfalken«), die sich von der PKK abgespalten haben und noch weitaus radikaler vorgehen. Sie verüben rücksichtslosere, weniger selektive Anschläge und nehmen dabei ausdrücklich den Tod von Unbeteiligten in Kauf, wie zuletzt bei einem Bombenattentat in Istanbul. Allerdings ist fraglich, wie eng ihre Verbindungen zur PKK heute tatsächlich sind. Auch muss bei allen Taten der PKK oder der mit ihr verbundenen Organisationen die berechtigte Frage gestellt werden, ob es sich dabei nicht um Provokationsakte des türkischen Staats handelt, der Terroristengruppen infiltriert oder gezielt unterwandert. Dies geschah auch beim IS. Ein berüchtigtes Beispiel ist das Bombenattentat von Suruç, direkt gegenüber der syrischen Grenzstadt Kobane gelegen, wo bei einem Friedensfest über 30 Jugendliche getötet wurden. Es gab kein Bekennerschreiben des IS, obwohl dieser sich gewöhnlich zu seinen Anschlägen bekennt. Eine Beteiligung des türkischen Geheimdienstes ist daher zu vermuten.

Entgegen den Behauptungen der türkischen Propaganda oder den böswilligen Unterstellungen von Kurden-Hassern, gerade hier in Deutschland, ist mein Kontakt zur PKK relativ schwach ausgeprägt. Durchaus kenne ich allerdings recht viele der PKK nahestehende Kurden, insbesondere hier in Deutschland. Darunter auch viele Jugendliche, die von der Partei und ihrem teilweise unkritisch rezipierten Mythos begeistert sind. Ich stehe auch mit manchen PKK-Anhängern in regem Austausch, wobei ich mich sehr wohl kritisch positioniere. Dennoch würde ich meine Beziehung zur Organisation selbst prinzipiell als ausgesprochen neutral bezeichnen.

Eine irgendwie geartete Nähe zur PKK ergibt sich für mich aber schon allein deshalb nicht, weil ich in der Türkei eine »persona non grata« bin und keinen direkten persönlichen Kontakt zu den Kurden in Bakur pflegen kann. Was die PKK-Kämpfer in der Autonomen Region Kurdistan betrifft, hat sich für mich bislang leider keine Gelegenheit ergeben, das Kandil-Gebirge zu besuchen, wo die Organisation zahlreiche Basen und Rückzugsgebiete unterhält. Jedes Mal, wenn ich dorthin reisen wollte, wurde die Gegend von türkischen Luftangriffen heimgesucht. Ich bin jedoch zuversichtlich, dass es irgendwann einmal klappen wird und ich auch diesen Teil der Autonomen Region kennenlernen werde.

In Deutschland ergeben sich Berührungspunkte mit der PKK zwangsläufig, weil viele kurdischstämmige Türken hier zur PKK Verbindung halten und nicht selten deswegen erst hierher geflüchtet sind. Auf pro-kurdischen Demonstrationen trifft man auch immer wieder auf Verbände wie den Nav-Dem, der viele kurdischstämmige Türken vertritt und der PKK traditionell nahesteht. Häufig wird auf Demonstrationen das Konterfei Öcalans gezeigt – freilich nicht in Verbindung mit PKK-Abzeichen, da deren Flagge in Deutschland verboten ist (ebenso wie übrigens auch die YPG-Flagge, sofern sie in Verbindung mit der PKK gezeigt wird). Bei Kundgebungen werden oft Aussprüche skandiert wie *»Biji Serok Apo«*, sinngemäß: »Es lebe der Anführer Öcalan!« Auch ist – als Provokation – der Kampfruf der PKK zu hören (»PKK ist das Volk – PKK sind wir«), der in Deutschland eigentlich ebenfalls untersagt ist.

Im deutschen Parteienspektrum ist es vor allem die politische Linke, die jahrelang gewachsene Verbindungen zur PKK unterhält, auch aufgrund inhaltlicher Überschneidungen. Linkspartei und Grüne sind hier recht stark vernetzt. Für mich als Liberalen stellt die PKK gewiss keine politische Heimat dar. Trotzdem verstehe ich ihren Kampf und auch teilweise die erbitterte Radikalität, mit der sie auf die andauernden Repressalien durch den türkischen Staat reagiert – vor allem, weil die Verfolgungen in letzter Zeit wieder massiv zunehmen.

Abdullah Öcalan, der im direkten Tagesgeschehen ohne Macht ist und keinerlei Chance auf seine Freilassung hat, spielt für die Kurden, wie bereits gezeigt wurde, auch weiterhin eine zentrale Rolle. Die PKK, ihre Nachfolgeorganisationen und die aus ihr hervorgegangenen militärischen Fraktionen nehmen in der politischen Entwicklung Kurdistans – in allen heutigen Kurdengebieten – eine bedeutende Rolle ein. Die Person Öcalan vereint aus heutiger Sicht unzählige Widersprüche in sich: Verbrechen und Vision, Verblendung und Reformgeist, Freiheitskampf und Verantwortung für unermessliches

Leid. Seine Leistungen sind unbestritten, doch auch seine Verfehlungen. Als anmaßend betrachten nichtkurdische Kritiker, aber auch viele Kurden Öcalans teilweise kaum verhohlene Selbststilisierung als »Prophet«. Dass er sich des Mythos um seine Person bewusst ist, mag zu seinem Selbstverständnis als Stimme einer Art »Vorsehung«, als »Berufener« beigetragen haben. Doch fehlt dieser Haltung jede Bescheidenheit. Seine Führerrolle ist daher umstritten. Während viele aufgeklärte, politisch gemäßigte Kurden seine heutige libertär-utopistische Orientierung ablehnen, folgen seine Anhänger ihm als charismatischem Menschen und Volkstribun weiterhin weitgehend blind. So gilt er den einen bis heute als Idol und Held, den anderen als Terrorist und Hochverräter.

Wie dehnbar der Begriff des Terroristen sein kann, ist nicht erst seit den Männern des 20. Juli um Graf Stauffenberg bekannt. Ein aktuelleres Beispiel ist der Fall Nelson Mandela, der jahrelang vom Westen als »Terrorist« eingestuft wurde, dann aber als Staatspräsident höchste Ehren erfuhr und gar mit dem Friedensnobelpreis ausgezeichnet wurde. Insofern mag »Terrorismus« von einem gewissen Standpunkt aus durchaus legitim erscheinen. Auf Öcalan trifft möglicherweise wie auf manche andere geschichtliche Figur der Sinnspruch zu: »Hochverrat ist stets eine Frage des Datums.« Im Lichte der Geschichte mag Öcalan, mit all seinen Schattenseiten, irgendwann vielleicht doch als großer Kurde gelten.

TEIL II

AKTUELLE SITUATION DER KURDEN

6. MINDERHEITEN

Betrachtet man den Mittleren Osten, so bestehen in weiten Teilen dieser Großregion massive religiöse Spannungen, die seit Jahrzehnten Anlass für zahlreiche Kriege, Massaker und Genozide sind. Der Syrienkrieg ist ein Musterbeispiel für eine Eskalation solcher religiöser Konflikte. Die langjährige Unterdrückung der sunnitischen Araber durch die schiitische Minderheit der Alawiten, die die politischen Eliten des Staates stellt und denen auch Präsident Bashar al-Assad angehört, war die Ursache für solch fanatische Eskalationen. Sie führte zu einem der blutigsten Bürgerkriege der jüngeren Zeit mit etwa 500 000 Toten und über 11 Millionen Flüchtlingen.

Willkürliche Grenzziehungen der einstigen Mandatsmächte in der Region, die über Jahrhunderte gewachsene Sozial- und Siedlungsstrukturen ignorierten, sowie die fehlende Teilhabe breiter Bevölkerungsschichten an gesellschaftlicher Mitbestimmung und Prosperität schürten ständige Unruhen. In der gesamten Region kam es wieder und wieder zu explosiven Eruptionen: Sunniten gegen Schiiten, Schiiten gegen Sunniten, Sunniten gegen Christen, Schiiten und Sunniten gegen Jesiden und Christen – es ist eine Endlosspirale, ein Teufelskreis der Konflikte, und ein Ende ist kaum in Sicht. Diese unübersichtliche Gemengelage existiert nicht nur in Syrien, sondern auch in der Türkei, dem Süden des Irak oder dem Iran.

Auch die Autonome Region Kurdistan ist nicht frei von derartigen Konflikten. Immer wieder klagen Vertreter religiöser Minderheiten über Intoleranz und massive Übergriffe. Der wesentliche Unterschied zu allen benachbarten Staaten besteht aber darin, dass man sich hier bemüht, es besser zu machen, und Probleme wie Intoleranz und Fanatismus wenigstens klar benennt – auch wenn dies bislang nur auf dem Papier der politischen Agenda zu lesen ist. Die Diskrepanz zwischen Anspruch und Wirklichkeit ist durchaus ein Kritikpunkt, den sich die Kurden gefallen lassen müssen. Gewiss: De iure und ihrem Selbstverständnis nach ist die autonome Region Kurdistan polyethnisch und multireligiös. Religionsgruppen leben Seite an Seite, meist jede für sich. Man koexistiert. Jedoch gibt es immer wieder – teils äußerst heftige – Meinungsverschiedenheiten, die in allzu großen weltanschaulichen Gegensätzen, in Unterschieden bei einzelnen Glaubensvorschriften und gegensätzlichen Lehren der einzelnen Religionsgemeinschaften wurzeln.

Viele dieser Konflikte, vor allem auch die Art ihrer Austragung, lassen sich auf zwei Hauptursachen zurückführen: Zum einen sind es Bildungsdefizite, die sich unter anderen in einem verbreiteten Analphabetismus widerspiegeln. Zum anderen ist es die islamische Kultur – hier insbesondere eine intolerante, traditionelle Koranauslegung, die stark islamistische Elemente beinhaltet und anderen Religionen und Rassen generell ablehnend gegenübersteht. Dieser Islamismus führt dazu, dass Nicht-Muslime von diversen Gruppen pauschal als »Ungläubige« *(Kuffar)* eingestuft werden. Betroffen waren und sind Christen, Jesiden und die Kakeiye – eine sufistische, in Kurdistan weitverzweigte Sekte, die sich am ehesten als eine Mixtur aus schiitisch-islamischen, alevitischen und jesidischen Elementen beschreiben lässt. All diese religiösen Minderheiten hatten es in der Vergangenheit äußerst schwer. Verfolgung kennen sie nicht erst seit dem Überfall des IS auf die Jesiden und Christen in Kurdistan 2014. Schon davor waren sie als Nicht-Muslime ständigen Angriffen und Diskriminierungen ausgesetzt. Eine im Islam verwurzelte Fehlerziehung hin zu Gewalt, zu Intoleranz und mangelnder sozialer Friedfertigkeit leistet diesem Problem bis heute Vorschub. Zwar predigt die politische Führung in Kurdistan öffentlich Toleranz und den Willen zur Koexistenz, gleichzeitig verschließt sie jedoch allzu oft die Augen vor den tatsächlichen Gegebenheiten im Land.

Sicher ist: Toleranz und Harmonie kann und wird es – auch im modernen Kurdistan – nicht über Nacht geben. Dazu wären zuerst ein Aufbrechen der Erziehungsstrukturen und anschließende tief greifende Reformen vonnöten, die auf die Abkehr von für unfehlbar erklärten islamistischen Lehren abzielen müssten: hin zu einer eher spirituellen Rezeption des Islam. Zu einer säkulareren Erziehung, die den Einfluss religiöser Vorschriften im Alltag zurückdrängt; zu einer Trennung von Staat, Rechtssystem und Islam. All dies ist eine Mammutaufgabe, die Generationen beanspruchen wird – und die im Übrigen pauschal in sämtlichen mehrheitlich muslimischen Staaten des Mittleren Ostens anzugehen ist. Wobei die Hoffnung, dass ein solcher Reformgeist auf fruchtbaren Boden fällt, nirgendwo größer sein dürfte als in Kurdistan.

So vielversprechend die Zukunft der Autonomen Region Kurdistan für die Schaffung einer tatsächlichen Glaubensfreiheit und ethnisch-religiöser Toleranz einzelnen Gruppierungen gegenüber auch aussieht: Sie ist ein deutlicher Bruch mit der Vergangenheit. Die Geschichte Kurdistans sah unzählige Vertreibungen und Massaker an religiösen Minderheiten, noch bis ins vergangene Jahrhundert hinein. Hierfür ist die Deportation der jüdischen Bevölkerung aus Kurdistan und dem Irak in den 1950er-Jahren, aus Städten wie Halabdscha, Kirkuk, Erbil und Bagdad, nur ein Beispiel. Allerdings ist anzumerken, dass diese Vertreibung der Juden zeitgleich in sämtlichen Ländern des Mittleren Ostens stattfand, da man dem jüdischen Volk den neu gegründeten Staat Israel fortan als alleinige Heimat zudachte. Heute herrscht – im Gegensatz zu den Nachbarstaaten, vor allem dem Iran – immerhin eine recht hohe Akzeptanz für Israel in Kurdistan vor.

Ein weiteres Beispiel für die Unterdrückung religiöser und ethnischer Minderheiten in der Region war die von Saddam Hussein gestartete »Operation Anfal« – ein groß angelegter Angriff auf Jesiden, Armenier, Kakeiye und Christen, dem jedoch auch Zehntausende muslimische Kurden zum Opfer fielen. Das Resultat war ein Völkermord großen Ausmaßes. Die Baath-Partei zeichnete für diese Genozide verantwortlich, wobei sie sogar Giftgas gegen Zivilisten einsetzte – unter Mittäterschaft der deutschen Industrie und Politik. Am Ende waren über 100 000 Opfer zu beklagen, wovon fast jedes zehnte zum kurdischen Stamm der Barzani gehörte. In diesem Zusammenhang ist bemerkenswert, dass sich die spätere militärische Führung der Terrorgruppe IS zu weiten Teilen aus ehemaligen Kadern der sunnitischen Baath-Partei zusammensetzte, die quasi nahtlos an ihr früheres Vernichtungswerk anknüpften.

Pogrome, Giftgasattacken, Völkermord – heute sind zumindest solche Extreme in Kurdistan nicht mehr denkbar. Die kurdische Politik versucht durch Einbindung und Gewährung politischer Mitbestimmung die Konflikte unter den Religionsgruppen zu entschärfen. Diese treten heute teils mit eigenen Parteien und Wahllisten zu den freien

Wahlen an, oder sie werden paritätisch – wenn auch zum Teil wahltaktisch – auf den Wahllisten der dominierenden Parteien (DPK, PUK, Gorran) geführt. Immerhin erhalten alle Minderheiten somit ein Mitspracherecht, das nicht nur ihren Einfluss, sondern auch ihre Verantwortung für die junge Republik steigert und sie so zu politischen Partnern werden lässt.

All diese Maßnahmen sind als Teil einer Entspannungspolitik zu verstehen, die zumindest ihrem Anspruch nach Positives erhoffen lässt. Die Realität ist von einer wirklichen Mitbestimmung jedoch noch weit entfernt. Ohne Umschweife muss man konstatieren, dass in Kurdistan höhere politische Positionen für Nicht-Muslime nur sehr zu schwer zu erreichen sind.

Auch die Schaffung eines eigenen Religionsministeriums zeigt, dass die kurdische Politik die Konflikte unter den einzelnen Ethnien und Glaubensgemeinschaften sehr ernst nimmt und aktiv versucht, etwaigen Eskalationen vorzubeugen. Der Preis dafür ist allerdings, dass auf unabsehbare Zeit nicht Integration, sondern Segregation hingenommen werden muss. Jedem in der Region ist bewusst: Eine bedingte Sicherheit für die jeweiligen Minderheiten existiert nur dann, wenn diese für sich abgeschottet leben und konfliktträchtige Berührungspunkte vermieden werden. So sind Orte wie Sindschar, Shaikhan, Sherfedin und Lalish sichere Refugien für die Jesiden – ein Volk, das mittlerweile nicht weniger als 74 Genozide überstehen musste und bis heute in einem separierten, sehr strengen Kastensystem lebt.

Für Christen sind es wiederum Shaqlawa, Koya oder der Erbiler Stadtteil Ankawa, wo für sie eine relative Sicherheit gewährleistet ist. Dennoch hat es auch viele von ihnen im Laufe der letzten Jahrzehnte in die Diaspora getrieben, nach Europa oder in die USA.

Religionsfreiheit ist in der Autonomen Region nicht so verwirklicht, wie man dies auf Grundlage der geltenden Gesetze und dem politischen Anspruch nach vielleicht erwarten würde. In der Praxis musste ich leider feststellen, dass religiöse Minderheiten in der Autonomen Region Kurdistan nur sehr schwer oder unter erheblichen Sicherheitsvorkehrungen in der Lage sind, ihre Rituale und Feierlichkeiten auszuüben.

Gerade die Jesiden sind Leidtragende von Verfolgung und Unterdrückung. Zudem tragen sie die größten Lasten des IS-Terrors. Dass die Jesidin Nadia Murat, die ich persönlich gut kenne, den diesjährigen Friedensnobelpreis verliehen bekommt, ist für dieses Volk, das weltweit kaum über eine Lobby verfügt, ein wichtiges Signal, wird dadurch doch der Fokus auch auf ihr Schicksal und Leid gerückt. Weil ihre Heimatregion Shingal zerstört ist und viele Jesiden seitdem über kurdische Flüchtlingscamps zerstreut leben, sehen viele von ihnen keine Zukunft mehr in der Autonomen Region. Eigentlich möchte fast jeder Jeside ins Ausland. In Deutschland leben sie vor allem in Städten wie Oldenburg, Bielefeld oder Celle, aber auch in der Gegend um Neuwied haben sie sich angesiedelt. Deutschland ist für die Jesiden ein Fluchthafen. Damit die Jesiden ihre Heimat nicht verlassen, müsste ein deutliches Umdenken in der kurdischen Gesellschaft stattfinden.

Sofern die Minderheiten in der Autonomen Region unter sich leben, sind sie noch am ehesten unbehelligt. Wann immer jedoch Muslime und andere Religionen zusammenstoßen, birgt dies Konfliktpotenzial. Generell ist die Intoleranz von muslimischer Seite eine große Herausforderung. Einerseits findet das Fasten nach den Regeln ihrer eigenen Religion kaum Akzeptanz unter der muslimischen Mehrheitsbevölkerung, doch zugleich verlangt diese von den religiösen Minderheiten, den Fastenmonat Ramadan so zu respektieren wie gläubige Muslime. Gerade im Ramadan brechen daher oft Konflikte auf, die man in ihrer fundamentalistischen Vehemenz in Kurdistan eigentlich nicht erwarten würde. Frauen werden angehalten, ihren Kopf zu bedecken, und der Verkauf von Alkohol – ein meist von Jesiden und Christen betriebener Wirtschaftszweig – wird behindert.

Auch was das Schulsystem anlangt, finden andere Religionen und Glaubensgemeinschaften als Muslime kaum Widerhall im Bildungskanon. Wie schon in der allgemeinen Erziehung, die meist sehr traditionell und nach westlichem Verständnis problematisch ist, legt auch der Schulunterricht den Fokus fast gänzlich auf islamische beziehungsweise islamistische Perspektiven. Gerade diese Tatsache führt immer wieder zu starker Kritik durch kurdische Schriftsteller und Intellektuelle. Aus ihrer Sicht ist die hartnäckige Weigerung der kurdischen Regierung, eine Bildungsreform hin zu mehr Meinungsvielfalt und differenziertem Lernstoff anzustoßen, ein Hauptfaktor dafür, dass sich vor allem Christen und Jesiden weiterhin in Kurdistan nicht sicher fühlen.

Was die Durchsetzung von religiösen Bestimmungen im Alltag der Menschen betrifft, so haben die Minderheiten keine vergleichbare Position wie muslimische Autoritäten. Im Gegensatz zu den islamischen Geistlichen können christliche und jesidische Religionsführer keine Edikte erlassen, die eine gewisse quasi-behördliche Allgemeinverbindlichkeit in der Autonomen Region Kurdistan entfalten. Beispielsweise ist es – mit gewissen Ausnahmen wie beispielsweise im von Deutschen geführten Biergarten »Deutscher Hof« im Christenviertel Ankawa – kaum möglich, in Kurdistan Schweinefleisch zu konsumieren. Auch die Sexualmoral ist extrem rigide. Sexuelle Kontakte und Liebschaften – gar Ehen – zwischen Angehörigen unterschiedlicher

Religionen scheitern an allzu großen Vorurteilen und der strikt patriarchalen Gesellschaftsordnung.

Hierbei ist die Obstruktionshaltung jedoch nicht einseitig muslimisch, sondern durchzieht alle Religionen. Man bleibt lieber, auch zum Schutz, unter sich. Im Jesidentum führt die Ehe mit einem Nicht-Jesiden aus religiös bedingten Gründen gar zum Ausstoß aus der Religionsgemeinschaft und damit auch aus dem sozialen System der Familie. Gerade Letzteres löst bei den Jesiden in der Diaspora immer wieder Kritik und Diskussionen aus. In der Heimat selbst stehen gesellschaftliche Reformen, was dies betrifft, jedoch nicht zur Debatte, die Sitten gelten uneingeschränkt weiter.

Neben all diesen Konflikten um und mit Minderheiten muss schließlich auch die kurdische Mentalität berücksichtigt werden. Die Kurden sind ein Volk des ständigen Aufbegehrens gegen Fremdherrschaft und Usurpatoren. Die kurdische Parole »Das Leben ist Widerstand« kommt nicht von ungefähr: Sie haben sich vor Jahrhunderten erbittert gegen die islamische Eroberung zur Wehr gesetzt und bewahrten sich in vielen Siedlungsgebieten bis heute Teile ihrer alten Identität. Islamistischen Bestrebungen, zuletzt durch den IS, spielt der Umstand in die Hände, dass Angriffe auf Kurden und Verrat an den Kurden historisch betrachtet nichts Neues sind. Die Tradition der ständigen Instabilität, die Konfrontation der Kurden mit diversen Kriegen und fremden Herrschern erzeugte ein politisches Vakuum innerhalb ihrer Gemeinschaft, das stets von außen gefüllt wurde.

An dieses traditionelle Muster wollen heute sowohl der Iran als auch Saudi-Arabien anknüpfen, die beide versuchen, die Autonome Region Kurdistan zu destabilisieren. Sie haben ein großes Interesse, die islamistische Expansion dort voranzutreiben. Weil die Kurden in ihrer

Geschichte schon oft auf temporäre Hilfe aus dem benachbarten Ausland angewiesen und ihren Unterstützern gegenüber aufgeschlossen waren, fiel es dem radikalen Islam leicht, sich seinen Weg in das Herz mancher Kurden zu bahnen – eine Entwicklung, die zugleich eine konkrete Gefahr für andere religiöse Minderheiten bedeutet, deren Existenzrecht der Islamismus bedroht.

Doch es war nicht nur die Abhängigkeit von externen Unterstützern bei kriegerischen Auseinandersetzungen, die immer wieder islamistisches Gedankengut in das Kurdengebiet importiert hat. Auch der Handel mit den islamistischen Nachbarn übte großen Einfluss aus. Zu nennen wäre wiederum Saudi-Arabien, das seine Vollverschleierung der Frauen durch den Niqab als kulturelles wie religiöses Erfordernis nach Kurdistan exportierte, und die mittlerweile islamistische Türkei unter Erdoğan, die das eng anliegende Kopftuch (Hijab) auch bei Kurden in Mode brachte. Diese »Intoleranz-Importe«, die einen Frontalangriff auf die Freiheit und Würde der Frau bedeuten, stehen in krassem Gegensatz zur eigentlichen kurdischen Mentalität, die das durchaus emanzipierte Idealbild starker, auch militärisch kämpfender Frauen kennt.

Dass die anfänglich ausbleibende Hilfe der Kurden für die Jesiden (siehe Kapitel 3) beim Überfall des IS auf Shingal auch mit einer ablehnenden Haltung gegenüber dieser religiösen Minderheit zu tun hat, darf angenommen werden. In solchen Momenten waren die Kurden leider nicht besser als ihre Feinde. Deshalb muss die kurdische Regierung den eingeschlagenen Weg weiter verfolgen. Sie muss kritisch auch die eigenen Fehler der Vergangenheit aufarbeiten, muss ihr eigenes Handeln stärker hinterfragen, muss selbstkritisch arbeiten und aktiv gegensteuern, wenn sie sich eine Zukunft des Zusammenlebens verschiedener Religionen in der Region wünscht. Ohne konkrete Maßnahmen zugunsten eines Schutzes von Minderheiten und friedlicher Koexistenz wird die Zukunft für die Christen und Jesiden äußerst düster aussehen. Viele würden die Region verlassen, der Islamismus würde so noch stärker werden, und am Ende würde womöglich die vom IS gestreute Saat des Bösen aufgehen, der den Mittleren Osten von anderen Religionen zu »säubern« versuchte.

Es steht daher zu hoffen, dass nicht nur die Intellektuellen, Schriftsteller und geistigen Eliten der kurdischen Gesellschaft warnende Signale senden, sondern durch westliche Partnerschaften und Kooperationen gewährleistet wird, dass die kurdischen Gebiete für alle Minderheiten einen sicheren Hafen darstellen und bieten. Der traditionellen kurdischen Kultur würde dies durchaus entsprechen. Es wäre eine Rückbesinnung auf westliche Einflüsse im Kurdentum, die es – durchaus zum beiderseitigen Nutzen – schon häufiger in der Geschichte gab.

Was aber am Ende zu betonen bleibt: Im Vergleich zum restlichen Irak ist die Autonome Region Kurdistan trotz aller geschilderten Schwachpunkte ein guter Ort für Minderheiten. Denn in Bagdad sind Minderheiten regelmäßig und systematisch das Ziel von Anschlägen. Sie werden gekidnappt, Kirchen bombardiert, Besitzer von Alkoholläden ermordet und Wohnungseigentümer aus ihren Häusern vertrieben. Derartige systematische Übergriffe und Attacken gibt es in der Autonomen Region Kurdistan nicht.

7. PRESSE- UND MEINUNGSFREIHEIT

In der Autonomen Region Kurdistan gibt es heute eine vielfältige Medienlandschaft. Frei, unabhängig und kompetent nach europäischen Standards sind die Publikationsorgane in der Regel nicht – dafür sind sie es aber im Vergleich zu den Staaten rundherum. Typisch für die Region ist, dass Zeitungen und gedruckte Nachrichten eher ein Nischendasein fristen und kaum publizistische Reichweite erzielen. Vor allem sind es Webseiten, Fernsehsender und Rundfunkanstalten, die die Menschen erreichen und die als hauptsächliche Informationsträger dienen. Hintergrund ist die noch immer extrem hohe Analphabetenrate. Zeitungen finden nur wenige Leser, stattdessen spielen das Internet und die sozialen Medien eine wichtige Rolle, und das vor allem in gebildeteren Bevölkerungsschichten. Sie benutzen das Netz, um an Quellen im In- und Ausland zu gelangen. Gerade die Mittel- und Oberschicht ist auf Twitter und Facebook vernetzt.

Es sind natürlich die politisch mächtigsten Familien der Barzani und Talabani, die Einfluss auf die Fernsehsender und Onlineportale nehmen. Bei meinen Aufenthalten wurde ich wiederholt von allen relevanten TV- und Radiosendern interviewt und konnte mir auf diese Weise Einblicke in die Arbeitsweise, berufliche Realität und Professionalität kurdischer Journalisten verschaffen.

Die beiden größten Sender sind rudaw.tv (*Rudaw* bedeutet auf Kurdisch »Ereignis«) sowie kurdistan24. Beide Sendeanstalten stehen der DPK und damit dem herrschenden Barzani-Clan relativ nahe. Der in Erbil ansässige rudaw.tv-Sender pflegt ein besonderes Verhältnis zu Ministerpräsident Necirvan Barzani. Entsprechend ist die programmatische Linie beider Sender tendenziös. Sie agieren zwar formal unabhängig, ihre Berichterstattung ist aber spürbar »gefärbt«. Beide Kanäle senden in den verbreiteten kurdischen Dialekten Sorani und Kurmandschi sowie in anderen regionalen Sprachen. Insbesondere rudaw.tv betreibt eine starke Internetpräsenz und verlegt außerdem ein wöchentliches Printmagazin. Kurdistan24 wurde erst 2015 gegründet, mit Sitz in Erbil. Es ist der jüngste kurdische Sender und hat sich aus Sicht der irakischen Regierung in Bagdad allzu deutlich für die kurdische Unabhängigkeit stark gemacht. Deshalb ordnete die irakische Zentralregierung nach dem Referendum im Herbst 2017 die Schließung des Senders an und entzog ihm die irakischen Sendelizenzen.

Der Fall ist typisch für das repressive Vorgehen der irakischen Regierung gegen kurdische Medienorgane. Es ist ein Versuch, die Medienwelt in der Autonomen Region Kurdistan insgesamt einzuschüchtern. Dennoch strahlt der Sender dort sein Programm weiterhin aus und unterhält eine einflussreiche Website.

Trotz ihrer Nähe zu den Barzanis berichten sowohl rudaw.tv als auch kurdistan24 für die ansonsten im Mittleren Osten herrschenden Verhältnisse vergleichsweise ausgewogen und journalistisch solide. Insbesondere rudaw.tv habe ich wiederholt Interviews gegeben, und die Redakteure zeigten sich dabei relativ unparteiisch. Wann immer ich bei diesen Sendern zu Gast war, konnte ich frei sprechen. Unbeschränkte Meinungsäußerung war – jedenfalls mir als Ausländer – problemlos möglich.

Dagegen ist kurdistan24 kein unabhängig zu nennender Kanal. Er sendet seit 1999 und war der erste kurdische Sender im Nordirak überhaupt. Er ist im Besitz der DPK Barzanis und praktisch ein Parteiorgan. Einst sollte kurdistan24 ein Gegengewicht zu dem im Ausland sitzenden Propagandasender der PKK sein. Heute wird der Barzani-Kanal weitläufig rezipiert, bleibt aber ein regierungstreues Organ, das nur wenig mit einer pluralistischen Medienlandschaft am Hut hat.

Mir ist aufgefallen, dass viele der noch recht jungen kurdischen Medien ihre Interviewpartner sehr subjektiv nach persönlichen und politischen Sympathien auswählen. Das Gegenstück zum DPK-Sender ist NRT TV. NRT TV ist eng mit dem Talabani-Clan und der PUK verbunden – pro-iranische Berichterstattung inklusive. Es ist der einzige Sender, von dem ich nie eine Einladung zum Gespräch erhalten habe. Ganz offensichtlich passten der Redaktion meine Ansichten nicht.

Kurdische Medien geben im Vergleich zur westlichen Presse zumeist nur andere Meinungen wieder, anstatt eine eigene Meinung zu entwickeln oder gar zu erweitern. Bei aktuellen gesellschaftlichen Streitpunkten kann das zu Eskalationen führen. Als ich zur Zeit des Referendums als Wahlbeobachter vor Ort war, kam es in der Barzani-Hochburg Duhok zu Angriffen auf die Niederlassung von NRT, wo man das Referendum kritisierte. Die Polarisierung der kurdischen Gesellschaft birgt also auch Gefahren für Journalisten, wiederholt gab es Angriffe. Der bekannteste Fall ist der von Sardasht Osman, einem Journalisten, der 2010 entführt und ermordet wurde. Reporter ohne Grenzen (RSF) berichtet regelmäßig von Todesdrohungen und Einschüchterungen gegen Autoren kritischer Berichterstattung.

Neben den zwei großen Medienorganisationen existieren eine ganze Reihe von kleineren, teilweise lokalen Kanälen und Websites der Minderheiten der Region. Sie senden in ihren Sprachen und befassen sich oft nur mit Themen, die Relevanz für ihre spezifische Zielgruppe haben. Meist handelt es sich um Satellitenprogramme mit Sitz im europäischen Ausland, wie etwa Suroyo TV. Der christliche Fernsehsender versorgt so nicht nur Glaubensbrüder in Syrien und der Autonomen Region Kurdistan, sondern sendet weltweit in die Diaspora.

Über Satellit war in Kurdistan auch der Sender ROJ-TV (*Roj* bedeutet »Sonne« auf Kurdisch) zu sehen, bis er 2012 wegen »Unterstützung von Terrorismus« in Dänemark schließen musste. Roj TV machte Propaganda für die PKK und war daher in den meisten europäischen Staaten verboten, auch in Deutschland. Seither sendet der Kanal Ronahi TV aus Qamishlo in Nordsyrien und wird auch in der Autonomen Region Kurdistan empfangen. Auch dieser Sender ist ein Sprachrohr der PKK und seines syrischen Ablegers YPG.

Ganz anders verhält es sich mit dem Radiosender von Arta FM in Amude, der seit 2013 *on air* ist. Er nimmt für keine bestimmte Gruppe Partei. Sein Programm ist pluralistisch und richtet sich an alle ethnischen und religiösen Gruppen in Nordsyrien. Gesendet wird in allen Sprachen der Region. Arta FM, der mit Geldern aus der EU, den USA und Kanada gefördert wird, könnte man etwa mit einem öffentlich-rechtlichen Radiosender in Deutschland vergleichen. Aber gerade die fehlende dogmatische Linie und die Distanz zu allen Gruppen war besonders den konservativen Kadern der PKK ein Dorn im Auge. Sie sind an heldenhafte »Hurra!«-Berichterstattung gewöhnt, nicht an

Beiträge, die etwas kritisch hinterfragen. So wurden im April 2016 ein Teil der Gebäude von Arta FM in Brand gesteckt und ein Leiter entführt und mit dem Tode bedroht.

In Nordsyrien werden Demokratie und Meinungsfreiheit als notwendige Elemente der Gesellschaft gepredigt. Gleichzeitig ereignen sich Vorfälle wie in Amude, die eine andere Sprache sprechen. Hintergrund ist ein interner Kampf innerhalb der PKK und YPG. Die alten Kämpfer der Partei, die in einem altmodischen, hierarchischen System eines autoritären Marxismus groß geworden sind, kommen mit den neuen Veränderungen nicht klar. Ein junger, pragmatischer Teil der Organisation fordert jedoch Weltoffenheit und Flexibilität statt ideologische Borniertheit. Wer Freiheit sagt, muss schließlich auch Freiheit meinen!

Mit der von Öcalan inspirierten, dem Anspruch nach eher anarchistischen Basisdemokratie werden die alten Ordnungsstrukturen der PKK in Nordsyrien nun langsam, aber sicher außer Kraft gesetzt – zumal nicht allein Kurden betroffen sind, sondern Assyrer, Turkmenen und Araber. Es kann dort nur eine Politik geben – das ist auch der Verfassungsanspruch in Rojava –, die alle Kulturen einbezieht. Letztendlich ist die Organisation YPG beziehungsweise die PKK damit auf dem besten Weg, sich früher oder später selbst abzuschaffen – auch wenn dies gerade diejenigen, die ihr ganzes Leben lang für sie kämpften, nicht wahrhaben können oder wollen. Doch der Weg in die Demokratie ist nicht aufzuhalten – vorausgesetzt, das föderale Projekt in Nordsyrien darf weiter existieren und wird nicht von Russland, dem Iran und dem syrischen Regime zerbombt.

Aus westlicher Sicht fällt auf, dass die Berichterstattung in der Autonomen Region Kurdistan generell rücksichtsvoller und diplomatischer ausfällt – ganz so, als wolle man sich nicht die Finger verbrennen und schon gar nicht über die Stränge schlagen. Die Zurückhaltung der kurdischen Medien liegt an ihren erst jungen Erfahrungen mit der Pressefreiheit.

Mir fiel diese zaghafte, geradezu übervorsichtige Haltung vor allem auf, als ich in meiner Rolle als Wahlbeobachter beim Referendum 2017 ein recht häufig gefragter Interviewpartner war. Ich äußerte mich sehr kritisch über den irakischen Ministerpräsidenten Haider al-Abadi, dem die Anwesenheit unabhängiger und internationaler Wahlbeobachter nicht passte. »Mich interessieren Herrn al-Abadis Aussagen nicht im Geringsten, wie so vieles, was er den ganzen Tag von sich gibt«, sagte ich ins Fernsehmikrofon. Das Gespräch war live und die Interviewerin irritiert. »Aber Herr al-Abadi ist doch der Ministerpräsident des Irak!« – »Das mag sein«, entgegnete ich, »aber er ist der Ministerpräsident eines *failed state*, eines gescheiterten Staats.« Kurdische Journalisten sind derart deutliche Worte nicht gewohnt. Allerdings wurde mir danach geraten, für einige Zeit besser erst einmal nicht nach Bagdad zu reisen.

Grundsätzliches zur Entwicklung der Pressefreiheit in Kurdistan

Die Erfahrung, dass den Grundrechten ein hoher Stellenwert beigemessen wird, ist für uns Europäer ganz selbstverständlich. Aber in nahezu allen Gesellschaften im Mittleren Osten ist diese Denkweise völlig ungewohnt. Diesbezüglich machen auch die Kurden keine Ausnahme. Ob es um Menschenrechte, Glaubensfreiheit, Wahlrecht, körperliche Unversehrtheit oder Schutz vor staatlicher Willkür geht – hier weist die gesamte Region noch erhebliche Defizite auf, selbst dort, wo in jüngerer Vergangenheit liberale Entwicklungen einsetzten und Verfassungen nach westlichem Vorbild entstanden.

Den unbefangenen Umgang mit freien Medien und einer unabhängigen Presse müssen die Kurden erst noch lernen. Nachrichten aus unterschiedlichen, nicht staatlich gefilterten oder manipulierten Kanälen zu erfahren, das Analysieren und Kommentieren von politischen und gesellschaftlichen Ereignissen sowie die Rolle der Medien als Wächter der Freiheit – all dies ist für sie Neuland. Das Konzept einer unabhängigen vierten Gewalt im Staat muss erst adaptiert werden. Nationales Selbstvertrauen der Kurden und ihre kulturelle Identität werden in dem Maß wachsen, wie kurdische Schriftsteller, Autoren und Journalisten den Mut fassen, sich ohne Angst vor Repressalien frei zu äußern.

Dies betrifft nicht nur die Rezeption der Gegenwart, sondern auch der eigenen Geschichte. Die Auseinandersetzung mit der eigenen Kultur und Sprache wird den seit jeher unter Fremdherrschaft stehenden Kurden helfen, ihr kollektives Gedächtnis zu stimulieren und ihre Eigenständigkeit zu behaupten. Seit Jahrhunderten waren es immer nur Außenstehende, die die Geschichte der Kurden aufzeichneten und ihre Schriftkultur prägten – Orientalisten, Durchreisende, Diplomaten. Die wenigen existierenden Zeitungen und Medien wurden immerzu von den jeweiligen Machthabern zensiert. Eine Nationalliteratur gibt es kaum. Erstmals ist heute die Freiheit des Wortes – ob nun in der Literatur, in Form von Rede- oder Pressefreiheit, ob in gedruckter Form, im Rundfunk, Fernsehen oder Internet – in Kurdistan auf dem Vormarsch.

Ich konnte mich als ausländischer Journalist sowohl in der Autonomen Region Kurdistan als auch in Nordsyrien frei bewegen. In beiden Ländern werden ausländische Besucher relativ streng überwacht, aber man kann ungehindert durchs Land reisen. In Nordsyrien war ich nicht mit einem der zahlreichen PR-Teams der YPG unterwegs, sondern mit den christlichen Milizen des MFS – des Militärrats der Assyrer. Der Zugang zu bestimmten Städten, Einrichtungen und Gebieten hängt natürlich ganz von der Gefahrenlage ab, zudem kommt es darauf an, für welches Medium der jeweilige Reporter berichtet, ob er eher als neutral oder meinungslastig bekannt ist.

Problematisch war es in Kriegszeiten, als die Autonome Region Kurdistan ein Embargo für Nordsyrien verhängt hatte. Journalisten, die in Nordsyrien für die Regierungssender der Autonomen Region Kurdistan arbeiteten, bekamen öfter Schwierigkeiten. Allein seit 2015 wurden in Nordsyrien 33 Journalisten ermordet. Dennoch sind die Arbeitsbedingungen für Journalisten dort weitaus besser und sicherer als im restlichen Syrien unter dem Assad-Regime und den Rebellen.

Allerdings muss man auch in der Autonomen Region Kurdistan stets zwischen der Duldung ausländischer Journalisten und der inländischen Berichterstattung unterscheiden. Der deutsche Publizist Jürgen Todenhöfer darf in die Autonome Region Kurdistan ungehindert einreisen und berichten, selbst wenn er nachweislich Lügen über die Kurden verbreitet. Zensur und Druck auf kurdische Medienvertreter im eigenen Land sind dagegen leider keine Ausnahme. Sobald Kritik an der Regierung und lokalen Machthabern geübt wird, ist mit Einschüchterungsmaßnahmen oder staatlichen Repressionen zu rechnen. So konnte beispielsweise über einen Lehrerstreik in der Autonomen Region Kurdistan nur unter erheblichen Schwierigkeiten berichtet werden.

»Reporter ohne Grenzen« und vor Ort tätige NGOs, die mit internationalen Journalisten zusammenarbeiten, berichten von einer Zunahme von Medien und Informationskanälen in der Autonomen Region Kurdistan, stellen aber gleichzeitig fest, dass man kaum von einer unabhängigen Berichterstattung sprechen kann. Sicherlich weist die Autonome Region Kurdistan noch längst keine pluralistische oder freie Gesellschaft wie der Westen auf. Doch man sollte nicht übersehen, welche außergewöhnliche moderne und für diesen Winkel der Erde keineswegs selbstverständliche Toleranz zumindest im Ansatz verwirklicht ist. Mir wurde dies besonders drastisch bewusst durch ein persönliches Erlebnis. Nachdem 2017 pro-iranische Milizen und irakische Truppen die Region Ninive zurückerobert hatten, war es dort vorbei mit einer uneingeschränkten Berichterstattung. Zuvor konnte ich mich in den betreffenden Gebieten mit kurdischer Genehmigung stets problemlos bewegen. Nach der Rückeroberung jedoch verweigerten mir die irakischen Behörden den Zugang nach Sindschar.

Die Autonome Region Kurdistan ist heute ein moderner Brückenkopf in einer rückständigen und traditionalistischen Umgebung. Für die Kurden in anderen Gegenden des Mittleren Ostens bleibt, so groß die Meinungsunterschiede auch sein mögen, die Autonome Region Kurdistan ein Vorbild, dem man folgen sollte.

8. DIE SITUATION DER FRAUEN

Bis heute ist in der gesamten muslimischen Welt die allgegenwärtige Unterdrückung der Frau eines der größten gesellschaftlichen Probleme. In kaum einer anderen Frage kollidiert die muslimische Haltung so heftig mit westlichen Vorstellungen von Menschenrechten und Freiheit wie in dieser. In vielen islamischen Staaten haben sich in den vergangenen Jahrzehnten Frauenverbände und NGOs formiert, die sich für eine Emanzipation der Frau einsetzen. Beeinflusst sind sie durch Berührungspunkte mit liberalen Gesellschaften, durch Verwandte, Freunde und Glaubensbrüder in der ausländischen Diaspora. Nicht zuletzt hat das Internet einen weitreichenden, befreienden Einfluss.

In den meisten Fällen geht es zunächst einmal um die schiere rechtliche Gleichstellung. Aber von einer umfassenden gesellschaftlichen Emanzipation wird noch auf viele Generationen hinaus keine Rede sein können. Auch politische Reformkräfte in vielen arabischen Staaten haben die Frauenbewegung als Thema entdeckt. So wurde in Saudi-Arabien erst kürzlich Frauen das Fahren von Autos gestattet. Selbst säkular orientierte Machthaber, die im 20. Jahrhundert in verschiedenen muslimischen Ländern den fundamentalistischen Islam vom Staat abzutrennen suchten, setzten auf die Frauen als Stütze ihrer Modernisierungspolitik. Frauen bekamen das Wahlrecht, Zugang zu Bildung und zum Berufsleben. Verschleierung, die sie als Menschen zweiter Klasse brandmarkte, wurde verboten. In der Türkei von Mustafa Kemal Atatürk, in den autoritären Regimen Nordafrikas, im Libanon, in Syrien, dem Jemen, zeitweise in Afghanistan, im Irak oder auch im Persien von Schah Reza Pahlavi – überall kleideten sich in den 1950er- bis 1970er-Jahren die urbanen Frauen nach westlichem Vorbild. Sie besuchten Universitäten, arbeiteten und genossen ähnliche Rechte wie Männer.

Natürlich geschah das auch damals schon zum Missfallen religiöser Kreise, aber die galten als anti-modern und wurden meist kaltgestellt. Es klingt absurd, aber vielfach haben diktatorische Systeme Freiheiten für die Frau gebracht. Die autokratischen Herrscher konnten sich gegen die jahrhundertealten Lebensgewohnheiten und Traditionen unbeirrt durchsetzen. Modern sein war damals auch »in«. Dokumentiert ist das neue weibliche Rollenbewusstsein in zahlreichen Kino- und Fernsehfilmen der Zeit. Tradition und Religion erscheinen darin als altertümliche Relikte und spielen in den Unterhaltungsfilmen oft nur belustigende Nebenrollen.

Die »erzwungene« Emanzipation wurde gerade in den letzten drei Jahrzehnten jedoch nach und nach wieder revidiert. Es kam zu einer konservativen Gegenrevolution, in der die alten, religiös-islamischen Kräfte die Oberhand gewannen. Der Islam wurde als »neue« Sinnstiftung entdeckt, nachdem der Sozialismus und der Kapitalismus völlig versagt hatten. Einzig und allein der Islam bietet nun die »wahre« Perspektive für eine bessere Welt.

Aber wo immer Scharia und rigide Koranauslegungen an die Stelle von Verfassung und Grundrechten treten, setzt die Unterdrückung der Frau augenblicklich wieder ein. Das letzte Beispiel für diese Entwicklung war der Arabische Frühling, der vom Westen als politische Befreiungsbewegung grundlegend missverstanden wurde. In allen betroffenen arabischen Staaten wurden zwar die Despoten beseitigt, aber durch neue islamistische Systeme ersetzt. Die Palette reicht von der Muslimbrüderschaft bis zu den Extremisten von al-Qaida und dem IS. Wie wir heute wissen, ist aus dem »Frühling« ein bitterkalter Winter geworden, der ganze Staaten verwüstete, viele Hunderttausende von Menschen das Leben kostete und Millionen in die Flucht trieb.

Zwischen Tradition und Moderne

Die Kurden als eine der ältesten und traditionsreichsten Ethnien des Mittleren Ostens, die mehrheitlich muslimischen Glaubens sind, blieben von diesen Entwicklungen naturgemäß nicht verschont. Die unterprivilegierte Rolle der Frau, ihre sozialen Schwierigkeiten und ihre praktisch ausweglose zwangsweise Unterwerfung unter althergebrachte Familienstrukturen war auch in Kurdistan schon immer ein Problem. Die innerkurdische Gesellschaftsordnung war immer nur so liberal, wie es ihre jeweiligen Fremdherrscher, die ihre Siedlungsgebiete politisch bestimmten, erlaubten. Herrschten jahrhundertelang die Gesetze des Islam und eine eher feudalistische Ordnung vor, die Frauen praktisch aus Politik und Gesellschaft verbannte, dann war dies auch in Kurdistan nicht anders. Waren die Rahmenbedingungen hingegen eher liberal, so mussten sich auch die Kurden sozialen Veränderungen fügen.

Als Atatürk durch modernistische Gesetze im neu geschaffenen türkischen Staat einen radikalen gesellschaftlichen Umbruch erzwang, betraf dies infolge der strikten Assimilierungspolitik auch die Kurden.

Kurdische Frauen genossen – zumindest de jure – plötzlich relativ weitreichende Rechte; in der Realität änderte sich an den traditionsorientierten kurdischen Lebensgewohnheiten jedoch wenig. Als später die von Abdullah Öcalan gegründete, ursprünglich marxistisch ausgerichtete PKK von Beginn an auch Frauen als Kämpferinnen aufnahm, war es die Aussicht auf Gleichstellung und Gleichbehandlung, die viele junge Kurdinnen dazu brachte, sich in den Untergrund zu wagen und sich von der PKK rekrutieren zu lassen. Dem Anspruch nach waren in der PKK zwar jegliche Geschlechterdifferenzen verpönt, und es existierte Gleichberechtigung; doch die Realität sah anfangs anders aus: Die PKK-Kämpferinnen mussten sich in den 1980er-Jahren erst mühsam und schmerzlich die Anerkennung ihrer patriarchal-konservativ geprägten männlichen Kameraden erkämpfen und eigene Frauenstrukturen etablieren. Erst etwa seit Anfang der 1990er-Jahre sind sie tatsächlich vollwertige Truppenangehörige und genießen höchsten Respekt, auch in der kurdischen Zivilbevölkerung.

Auch im Nordirak waren die Bedingungen für kurdische Frauen in den 1970er- und 1980er-Jahren durchaus positiv, die gesellschaftlichen Verhältnisse waren recht weltoffen und modern. Als nach Saddams Niederlage im Zweiten Golfkrieg 1991 der fundamentalistische Islam auf dem Vormarsch war und sich viele Araber wieder auf ihre muslimischen Wurzeln besannen, sah alles danach aus, als würde die frühere starre Mentalität auch in Kurdistan wieder Einzug halten.

Hierbei ist zu bedenken, dass eben nur ein kleiner Teil der Kurden wirklich offen gewesen war für gesellschaftliche Emanzipation und Veränderungen. Die Mehrheit der Kurden im Nordirak war weiterhin rückwärtsgewandt und einem überkommenen Stammesdenken verhaftet. Viele betrachteten Frauen weiterhin als Menschen zweiten Grades. Gewalt gegen Frauen hatte in Kurdistan nie aufgehört; sie

Im jesidischen Heiligtum Lalish: Befreite Jesidinnen,
die sich in IS-Gefangenschaft befanden.

Pro-Kurdische Demonstrationen in London am Trafalgar Square und vor der türkischen Botschaft.

**Aufgrund der aktuellen politischen Verfolgung kurdischer Symbole durch die Staatsanwaltschaft München sehe ich mich gezwungen, die legalen Logos der YPG und das Bildnis des Abdullah Öcalan zu verpixeln, um mein Buch zu schützen. Als Journalist kann man derzeit in Bayern anscheinend nicht mit rechtsstaatlichen Verhältnissen rechnen.*

Das heilige Zentrum des Jesidentums Lalish am Feiertag »Roter Mittwoch«.

Die vom IS komplett zerstörte jesidische Stadt Shingal.

Wenige Tage nach der Befreiung vom IS in Shingal.
Das IS-Logo ist noch überall an den Wänden.

Çay mit christlichen SDF-Kämpferinnen (Sutoro-Miliz)
in einem Trainingscamp in Nordsyrien (Rojava).

Treffen mit dem kurdischen Außenminister
Falah Mustafa Bakir.

Treffen mit dem damaligen außenpolitischen Sprecher
der KDP Hemin Hawramy.

Wasserverteilung der Liberalen Flüchtlingshilfe e.V. an jesidische Flüchtlinge in einem wilden Camp in Duhok.

Flüchtlingskinder in einem Camp zwischen Duhok und Mossul.

Innenhof der zentralen christlichen Kirche
in Karakosh.

Zerstörte Kirche in Karakosh
(Irak, Nähe Mossul).

Oben links: Die assyrische Stadt Karakosh, 30 km vor Mossul. Kurz nach der Befreiung vom IS. *Oben rechts:* Assyrischer Kämpfer, der an Ostersonntag 2017 den Gottesdienst beschützte. *Mitte und unten:* Unterwegs bei Mossul mit Peshmerga der KDP an der ISIS-Front bei Mossul, 2014.

Treffen mit dem Oberhaupt des arabischen Schamar-Stammes, Mehdi Daham al-Hadi, in Tal Ajub (Syrien).

Jesidisches Flüchtlingsmädchen in der Nähe von Duhok.

Flüchtlingscamp in der Nähe der kurdischen Hauptstadt Erbil, September 2014.

Kurden im Zentrum von Erbil
und im Umkreis der Zitadelle.

Carrefour
Carrefour

Großkundgebung zum Unabhängigkeitsreferendum in Erbil. Hunderttausende warten um das Fußballstadion herum und feiern das Referendum, 2017.

Auf der Zitadelle von Erbil,
die seit 6000 Jahren durchgängig bewohnt ist.

Das Zentrum von Erbil,
fotografiert von der Zitadelle.

An der ISIS-Front bei Peshmerga der kurdisch-iranischen PAK.
Mein Freund Swara Jaff erklärt mir die Lage vor Kirkuk.

Mit General Hussein Yazdanpana (Stellv. PAK-Chef)
an der ISIS-Front bei Kirkuk.

Jesidisches Symbolik in Lalish.
Rosa Karim hält das symbolische Feuer in der Hand.

waren weiterhin von beruflichen sowie öffentlichen Aktivitäten ausgeschlossen, und ihnen war die Teilhabe am kulturellen wie geistigen Leben untersagt. Es ist eine bittere Wahrheit, dass Frauen über viele Jahrhunderte vor allem im nordirakischen Teil Kurdistans keinesfalls besser behandelt wurden als ihre Geschlechtsgenossinnen in arabischen Stammesgebieten: Die Unterordnung unter das männliche Familienoberhaupt, Zwangsverheiratungen oder Ehen zumindest auf familiären Druck hin, Unterdrückung im Alltag, religiöse Verschleierung, die Verklärung der Mutterrolle – all das war immer auch kurdische Realität. Und Frauen, die aus dem engen gesellschaftlichen Korsett ausbrechen, droht Gewalt in verschiedensten Erscheinungsformen: durch Tötungen, Schläge, Erniedrigungen oder Missbrauch.

Straftaten, verübt von traditionalistischen Kurden aufgrund eines archaischen Ehrgefühls (etwa wenn es um »Eigentum« an Frauen oder Familienstolz geht), bestimmen bis heute immer wieder die Schlagzeilen; sogar bei uns in Europa. Die muslimisch-patriarchalische Gesellschaftsordnung lässt nur Männern die Macht, und hier machten die Kurden ganz offenkundig keine Ausnahme in der islamischen Welt.

Gegensätze zwischen Anspruch und Wirklichkeit

Fortschrittliche Kräfte waren nach Erlangung des Teilautonomiestatuts 1991 jedoch nicht bereit, das Verharren in mittelalterlichen Gesellschaftsstrukturen tatenlos hinzunehmen. Vor allem die modernistische DPK schrieb sich das Ziel einer politischen und rechtlichen Emanzipation der Frau auf die Fahnen. Als im Mai 1992 zum ersten Mal das Parlament Kurdistans gewählt wurde, traten auch Frauen als Kandidaten an. Schon bald setzte eine politische und soziale Veränderung für die Frauen ein.

In den 25 Jahren bis zum Unabhängigkeitsreferendum 2017 entstand eine fast westlichen Kriterien genügende Rechtsgrundlage für Frauen in der Autonomen Region Kurdistan. Zumindest dem Gesetz und der Verfassung nach sind sie gegenüber den Männern nicht benachteiligt. Ihnen steht der Zugang zu Bildungseinrichtungen, dem Arbeitsmarkt und politischen Ämtern offen. Besonders fortschrittlich ist eine Frauenquote von 30 Prozent für öffentliche Ämter, die im Zuge diverser Bestimmungen zum Schutz von Minderheiten erlassen wurde.

Bis zur Invasion der Türkei im Nordirak 2007 hatte die PKK ihre militärischen Rückzugsgebiete und Befehlsstände im Nordirak. So kam ein reger gesellschaftlicher Austausch zwischen PKK-Anhängern und der Bevölkerung im Nordirak zustande, der gewiss zu einer gesellschaftlichen Lageverbesserung für kurdische Frauen beitrug. Denn im Gegensatz zu den dort beheimateten, extrem traditionalistischen Stammesgemeinschaften waren die PKK-Kräfte und ihre Familien äußerst modern und egalitär geprägt. Der Präsident und Vordenker Öcalan, der sich nach seiner Verhaftung 1999 im Gefängnis als Autor und Philosoph etablierte (siehe Kapitel 5), verfasste wegweisende Schriften zur Emanzipation der Frau, die auch in Kurdistan rasch Verbreitung fanden.

Im syrischen Rojava, deren politisches System nach den anarchistischen Prinzipien des US-Libertären Murray Bookchin aufgebaut wurde, steht die politische Emanzipation weit mehr im Zentrum als in der Autonomen Region Kurdistan. Die Akzeptanz von Frauen ist dort im Alltag, in der Bürokratie, der Politik und im Militär weitaus stärker ausgeprägt. In jeder leitenden Funktion muss einer von zwei Amtsträgern stets eine Frau sein. Im Militär gibt es eigene Frauenverbände, die ausschließlich unter weiblichem Oberbefehl stehen. Männer dürfen ihre Kasernen nur mit Erlaubnis der Kommandeurin betreten.

Gerade die Rolle der Frau als Kämpferin hatte teilweise auch im Nordirak einen Emanzipierungseffekt. Die Tatsache, dass zahlreiche Frauen als vollwertige Truppenangehörige bei der PKK und der syrischen YPJ (weibliche Abteilung der YPG) gegen den IS kämpften, beeindruckte die kurdischen Landsleute im Nordirak tief. Denn bei den Peshmerga der nordirakischen Kurden waren – anders als in der PKK – Frauen über lange Zeit gar nicht für den Dienst an der Waffe zugelassen. 1996 hatte man ihnen zwar den Zugang zum Militär gestattet, doch nur eine geringe Zahl weiblicher Rekruten war den Truppen beigetreten.

Im Gegensatz zu den YPJ in Rojava oder den PKK-Kämpferinnen (HPG) im Guerillakrieg gegen die Türkei spielten weibliche Kämpferinnen in der Autonomen Region Kurdistan lange Zeit eine untergeordnete Rolle. Dies ist bis heute so geblieben. Bei der Niederwerfung des IS war die Mehrzahl der eingesetzten kurdischen Streitkräfte immer noch männlich, obwohl der Einfluss und die Zahl von Frauen bei den Peshmerga stetig wächst. Es spricht vieles dafür, dass eines Tages auch die weiblichen Peshmerga als vollwertige Kameradinnen anerkannt sein werden. Bei den iranischen Peshmerga-Einheiten der PAK haben Frauen bereits einen hohen Anteil.

Die Unterdrückung der Frau ist allgegenwärtig

Im Vergleich zum Rest Iraks, aber auch der gesamten Region, hat die Autonome Region Kurdistan einen außergewöhnlichen Grad an Gleichberechtigung verwirklicht und garantiert weitreichende Freiheiten der Frauen. Aber nach wie vor fehlt noch viel. Nach meinem persönlichen Eindruck aus meinen Reisen in die Region kann ich die Kritik liberaler Kurden durchaus nachvollziehen. Frauen sind in hohen Positionen längst nicht so zahlreich vertreten, wie es die Regierung als wünschenswert propagiert (und durch die Quote sogar gesetzlich vorgesehen ist). In den niedrigeren Ebenen von Wirtschaft und Verwaltung nimmt jedoch die Zahl weiblicher Kräfte der Tendenz nach zu – auch und gerade bei den Sicherheitsbehörden wie der Polizei und, wie bereits erwähnt, bei den Peshmerga.

Doch trotz dieser Lichtblicke liegt eine hinreichende, reale Geschlechtergleichheit noch in weiter Ferne. Die meisten Frauen können, allen Quoten und Verordnungen zum Trotz, bis heute in der Autonomen Region Kurdistan beruflich und sozial praktisch nichts erreichen, wenn sie nicht von einem Vormund, dem Ehemann oder mächtigen männlichen Angehörigen protegiert werden. In manchen Fällen ist sogar die Rechtslage weiterhin klar frauendiskriminierend und steht in eklatantem Widerspruch zum egalitären Verfassungsanspruch. Will eine Frau etwa ins Ausland reisen oder sich einen neuen Pass ausstellen lassen, so darf sie dies – wie in den meisten islamischen Ländern – nur in Begleitung und mit Einwilligung von Vater, Bruder oder Ehemann tun. Selbst unbegleitete Reisen innerhalb der Autonomen Region Kurdistan sind ihnen kaum ohne Erlaubnis möglich. Und damit nicht genug: Vielen Frauen droht von ihrer eigenen Familie Isolation und Unterdrückung. Wenn sie zum Beispiel keine Kinder bekommen können, wenn sie eine Fehlgeburt erleiden oder gar abgetrieben haben, werden sie nicht selten von ihren Ehemännern zu Hause festgehalten. Manche Männer meiden in solchen Fällen ihre Partnerinnen, verweigern ihnen den Geschlechtsverkehr und geben ihnen das erniedrigende Gefühl, sie seien »unrein« und damit ihrer nicht würdig. Es gibt Dutzende, ja Hunderte von Beispielen solcher Fälle, besonders in den rückständigen kurdischen Stammesgebieten von Pishdar, Badinan und Teilen von Garmian. Ähnliche Berichte liegen zwar auch aus den anderen

Teilen Kurdistans in der Türkei oder in Nordsyrien vor, allerdings in geringerem Maße.

Oftmals werden Mädchen und Frauen gezwungen, auf den Besuch weiterführender Schulen zu verzichten. Sofern sie überhaupt Schulbildung erhalten, sollen sie vor allem den Koran lesen. Von offizieller Seite und vor Gericht haben sie, trotz eindeutiger Rechtslage, oft nur unzureichende Verbündete. Zum einen ist der Import von Koranausgaben, religiösen Symbolen, Schleiern und weiblichen Verhüllungstextilien in die Autonome Region Kurdistan nicht untersagt. Zum anderen sieht sich keine behördliche Stelle veranlasst, gegen einflussreiche Familien vorzugehen und deren Traditionsverständnis zu missachten. Auch Arbeitsschutzrechte bestehen für Frauen in der Praxis kaum. Sie können entlassen werden, am Arbeitsplatz sind Demütigungen oder sogar sexuelle Gewalt keine Seltenheit.

All dies ist in weiten Teilen Kurdistans verbreitet, wenn auch sicherlich nicht die Regel. Die traditionelle Verteilung von Erbe und Vermögen bevorzugt männliche Nachkommen und diskriminiert Frauen in existenzbedrohender Weise. All dies verstärkt natürlich die Abhängigkeit vom Ehemann – es sei denn, eine Familie wäre sehr fortschrittlich und stellt eine Tochter ihren Brüdern gleich.

Infolge des arabischen Einflusses in Kurdistan – zurzeit die von Saudi-Arabien betriebene und finanzierte Islamisierung gegen jede als westlich verdächtige Liberalisierung – verlässt ein Teil der Frauen nur in Vollverschleierung das Haus. Sie tragen entweder türkische, iranische oder saudische schwarze Hijabs und Niqabs, teilweise auch Burkas. Die weiterhin oft zu betrachtende Kopfbedeckung junger Mädchen und unverheirateter Frauen wird von deren Vätern, Brüdern oder Vormündern offensichtlich verlangt und erzwungen.

Allerdings weiß ich aus meinen eigenen Erlebnissen und Recherchen, dass auch viele Kurden diese rückständigen Kleiderordnungen für anachronistisch halten und darüber den Kopf schütteln. Als ich vor zwei Jahren gemeinsam mit einem ARD-Reporter eine Umfrage in Erbil zum Thema weibliche Verschleierung durchführte, sprachen sich die meisten Befragten dagegen aus und nannten diese Tradition ein Ergebnis saudischer und arabisch-islamischer Einmischung.

Es gibt jedoch regionale Unterschiede. In manchen ländlichen Gebieten ist die Verschleierung von Frauen weiter verbreitet als in anderen. In den Städten ist sie sogar eher die Ausnahme. In Sulejmani, wo der Einfluss der PUK und somit politisch eher linker Kräfte spürbar ist, sieht man die wenigsten verhüllten Frauen. Stets muss auch bedacht werden, dass viele türkische und arabische Touristen oder Besucher aus dem Irak unterwegs sind, deren Frauen sich grundsätzlich verhüllen. Für die betreffenden Kurdinnen jedoch ist die Verschleierung zumeist eine erhebliche Belastung. Ihnen wird dadurch der Widerspruch zwischen den gesellschaftlichen Zwängen und der begonnenen Modernisierung schmerzlich bewusst. Doch gegen die patriarchalische Dominanz, gegen die strukturelle Gewalt können sie sich kaum wehren oder diese auch nur kritisieren.

Bis heute ist Kurdistan eine Männergesellschaft geblieben. Der Austausch und Kontakt der Geschlechter in der Öffentlichkeit ist nicht annähernd so ungezwungen und distanzlos wie im Westen. In Teehäusern verkehrt ein ausschließlich männliches Publikum. Die dennoch zahlreichen unverschleierten Frauen, die ich bei meinen Reisen durch kurdische Städte erlebte – sei es auf der Straße beim Stadtbummel, in Restaurants, auf Plätzen und Parks –, manifestieren einen der sichtbarsten Unterschiede zu allen Nachbarstaaten der Autonomen Region Kurdistan. Nur ein kurzer Besuch im anderen Teil des Irak führt in eine völlig andere Welt. Für mich machten die unverhüllten Frauen augenfällig deutlich, welche großen gesellschaftlichen Fortschritte bereits verwirklicht sind, und das allen zähen Traditionen zum Trotz. Wenn man genauer hinschaut, erkennt man überall Veränderungen: Frauen arbeiten in Büros, sie bekleiden Regierungspositionen, betreiben Handel und besuchen Basare. Zahlreiche Frauen kleiden sich betont modisch-westlich, schminken und frisieren sich, besuchen Partys im knappen Kostüm und sprechen ungehindert mit westlichen Medien, auch über politische Fragen.

Viele kurdische Männer beargwöhnen diese Entwicklung misstrauisch, ihnen sind diese Beispiele aufgeklärter, liberaler Frauen ein Dorn im Auge. Insgeheim halten sie die Emanzipation für falsch, als sei sie vom Koran verboten und ein Bruch mit religiösen Gesetzen und Traditionen. Geistliche und religiöse Fundamentalisten versuchen Frauen einzuschüchtern. Sie sollen sich mit öffentlichen Meinungsäußerungen zurückhalten und sich aus der Politik ganz heraushalten. Vor allem Imame und Mullahs in den Moscheen lassen keine Gelegenheit aus, gegen die neuen Verhältnisse zu agitieren. Um ihre reaktionären und fundamentalistischen Ansichten durchzusetzen, machen sie sich sogar zu Handlangern jener arabischen – und auch iranischen – Kräfte, die die Autonome Region Kurdistan von außen über den Islam zu destabilisieren versuchen. Sie benutzen dazu arabische Massenmedien, aber auch kurdische Medien und die sozialen Netzwerke im Internet.

Konservative Stimmen führen einen regelrechten Psychoterror gegen selbstbewusste und selbstbestimmte Frauen. Vor allem wird die immer noch weitverbreitete Tabuisierung von Körperlichkeit und Sexualität als Vehikel genutzt, um konservative Kurden gegen die neue Frauenpolitik aufzuwiegeln. Moderne Frauen werden als moralisch minderwertig, als zu freizügig und gottlos verleumdet. Gezielt zeigt man Bilder halb nackter und lasziver Prominenter, auch westlicher Künstler als die »perversen« Vorbilder. So sollen die männlichen kurdischen Familienoberhäupter – Ehemänner, Brüder oder Verwandte – dazu gebracht werden, ihre Frauen an die Kandare zu nehmen und sie zurück auf den Pfad der »Ehre« zu bringen. Auch Sport, ganz besonders Leistungssport, ist deshalb für viele Frauen ein No-Go. Das Zeigen von nackter Haut, auch nur teilweise, macht Leichtathletik, Turnen oder Schwimmen bereits zum Sündenfall, der das familiäre Ansehen beschädigen kann. Setzt sich eine Frau darüber hinweg, riskiert sie schnell, als anstößig oder »Schandfleck« stigmatisiert zu werden und unverheiratet zu bleiben.

Nicht selten wird im sozialen Nahbereich Druck auf vor allem junge Frauen ausgeübt, zur traditionellen Lebensweise zurückzukehren und auf teilweise aussichtsreiche Karrieren zu verzichten. Sie dürfen dann zum Beispiel nicht in Medienorganisationen oder für westliche Hilfseinrichtungen arbeiten oder nicht studieren gehen. Weil sich viele Frauen diesem Druck widersetzen und sich nicht klaglos in ihr Schicksal fügen, kommt es oft zu Gewalttaten. So stieg die Zahl der Morde an Frauen in Kurdistan zwischen 1991 bis 2017 um 55 Prozent – ein Anstieg, der ansonsten nur in Afghanistan in ähnlichem Ausmaß bekannt wurde.

Es handelt sich bei diesen Gewalttaten gewissermaßen um einen weiteren innerkurdischen Krieg – nämlich den Konflikt zwischen fortschrittlichen und rückwärtsgewandten Kräften, der bis heute die Rolle der Frauen in der Autonomen Region Kurdistan prägt. Es klafft ein gewaltiger Widerspruch zwischen Anspruch und Wirklichkeit, wenn mutige Frauen ihre Rechte in Anspruch nehmen, und es ähnelt oftmals dem Tanz auf Messers Schneide.

Die Folgen dieses regelrechten Kulturkampfs zwischen Vergangenheit und Zukunft finden zunehmend in Verzweiflungstaten von Frauen ihren Niederschlag – so etwa durch Selbstmorde oder gar durch international bekannt gewordene, berüchtigte Selbstverbrennungen von Kurdinnen. Einst war dies ein von der PKK – wie zuvor schon von anderen kurdischen Untergrundbewegungen der Geschichte – häufig verherrlichtes Instrument der politischen Demonstration. Bis heute ist diese grausige Praxis eine gelegentlich auftretende Form des ultimativen Protests hilfloser Frauen in der Autonomen Region Kurdistan gegen ihre Unterdrückung oder innerfamiliäre Ausgrenzung. Und ganz ähnlich wie bei den jungen PKK-Anhängerinnen, die sich in europäischen Großstädten öffentlich in Brand setzten, ist es auch hier zumeist ein verletztes Ehrgefühl, das die betreffenden Frauen zu solchen drastischen Schritten treibt. Wahrscheinlich soll damit der letzte Schritt als »Märtyrerin« getan werden.

Die Märtyrerrolle ist bei den Kurden bis heute fast mythisch besetzt. Die »Blutzeugen«, auch und gerade weibliche, werden hoch verehrt und von ihren Familien gefeiert, nicht selten werden diese finanziell in Anerkennung ihrer Opfer unterstützt. Auf eigenen Gedenktagen wird die Erinnerung an Frauen hochgehalten, die freiwillig in den Tod gingen. Ein Beispiel dafür ist der von vielen Kurden begangene Zilan-Tag, benannt nach dem Decknamen der umstrittenen PKK-Selbstmordattentäterin Zeynep Kınacı, die sich 1996 im türkischen Tunceli als »Märtyrerin« in die Luft gesprengt und sieben Menschen mit in den Tod gerissen hatte. Es sind oftmals archaische, dunkle kulturelle Wurzeln, die Frauen zu solchen – aus westlicher Sicht grausamen – Suiziden treiben.

Zum Glück wählt jedoch nicht jede vom Konflikt zwischen Tradition und Moderne betroffene Kurdin den Freitod, wenn sie mit ihren

Kräften am Ende ist. Die große Mehrzahl erträgt ihre Lage still und schweigsam oder flieht irgendwann vor den Repressalien. Die von der Regierung in Kurdistan und auch von ausländischen Hilfseinrichtungen bereitgestellten Frauenhäuser sind heute voll besetzt. Das zeigt die Relevanz und die Dimension, die dieses gesellschaftliche Problem nach wie vor hat.

Was Frauenrechte und die vorherrschende Auffassung zu diesem Thema betrifft, machen viele Kurden in den traditionell geprägten Regionen also leider keine Ausnahme unter den Gesellschaften des Orients. Dies muss festgestellt werden, obwohl die Autonome Region Kurdistan verglichen mit den meisten arabischen Staaten der Region hier immer noch geradezu paradiesische Verhältnisse bietet. Doch auch in der Autonomen Region Kurdistan wird es, bei allem erreichten politischen Fortschritt, noch ein weiter Weg bis zu einer echten Gleichberechtigung der Frau sein.

TEIL III

WIRTSCHAFT UND PARTNER

9. WIRTSCHAFTLICHE SITUATION

Kurdistan ist reich an Öl, und sein fruchtbares Land ist prädestiniert für landwirtschaftliche Nutzung, besonders für Viehzucht und den Anbau von Obst, Gemüse und anderen Grundnahrungsmitteln. Seine Hochebenen galten einst als Kornkammer des Nahen Ostens. Das Dilemma war jedoch stets, dass die Menschen oft nicht wussten, wie sie dieses Potenzial für sich erschließen konnten. Die ständigen politischen Krisen, Kriege und Aufstände verhinderten eine effiziente und dauerhafte Bewirtschaftung der Flächen; dass das Land von Feinden umgeben war, machte die Situation nicht einfacher. Über Selbstversorgung kam die Bevölkerung kaum hinaus; ihre wirtschaftliche Bedeutung war auf das beschränkt, was ausländische Wirtschaftsmächte – die Europäer oder auch arabische Staaten wie Saudi-Arabien – ihnen zugestanden.

Aufschwung seit 1991

Seit dem von den Kurden als historischer Umbruch empfundenen Jahr 1991, als sich die Region im Nordirak faktisch vom Irak lossagte und eine zunächst moderate Teilautonomie erlangte, setzte ein wirtschaftlicher Boom ein, der auch internationale Investoren anlockte. Der »Schweizer Dinar« (so genannt, weil die Banknoten angeblich mit Schweizer Druckplatten hergestellt wurden) wurde zur Parallelwährung, das Land wandte sich westlichen Partnern zu. Viele geflüchtete Kurden, darunter auch gebildete Eliten und Fachkräfte, kehrten in ihre Heimat zurück, wovon die gesamte Region profitierte. Technische Errungenschaften, Modernisierung und die Verbesserung der Lebensbedingungen waren die Folge.

Der Sturz Saddams Husseins 2003 sorgte für einen weiteren positiven Schub in der Region. Die Besetzung Iraks durch die USA brachte politische Errungenschaften mit sich, etwa durch die Schaffung von neuen verfassungsrechtlichen Rahmenbedingungen und staatlichen Strukturen nach westlichem Vorbild. Die Kurden übernahmen diese Neuerungen. Fortan gab es einen Präsidenten der Republik und klassische Ministerressorts. Ein Außenministerium entsandte erstmals eigenständige kurdische Botschafter und Diplomaten in alle Welt.

Die autonome Kurdenregion machte sich auf dem internationalen politischen Parkett bemerkbar, was eine merkliche Aufwertung zur Folge hatte. Handels- und Außenbeziehungen intensivierten sich, zahlreiche Staaten schlossen wirtschaftliche Abkommen mit den Kurden. Darüber hinaus nahm die Autonome Region Kurdistan Beziehungen zu den Kurden in Syrien, im Iran und in der Türkei auf. Erbil begann die kurdischen Organisationen und Oppositionsparteien in diesen Staaten zu unterstützen. Eine vergleichbare Solidarisierung der Kurden auf nationenübergreifendem Niveau hatte es zuvor in der Geschichte nie gegeben.

Nach dem dritten Golfkrieg 2003 steigerte sich das Bruttosozialprodukt der Region Kurdistan weiter. Nach anfangs beispiellosen jährlichen Wachstumsraten von 200 bis 300 Prozent normalisierten sie sich zwischen 2010 und 2013 und pendelten sich bei immer noch beachtlichen 8 Prozent jährlich ein. Nach dem Vorbild Dubais sollte eine Freihandelszone eingeführt werden. Es kam zu einer massiven Zunahme ausländischer Investitionen und Firmengründungen, vor allem durch türkische Unternehmer. Zudem begann die Regierung der autonomen Region, einen vom Irak möglichst unabhängigen Außenhandel zu betreiben. 2013 wurden – verfassungsrechtlich durchaus legitim – gemeinsam mit der Türkei Pipelines in Richtung Mittelmeer gebaut, um eine eigene, unabhängige Exportroute zu schaffen. Bisher hatten die Ölfelder (die Autonome Region Kurdistan liegt allein, ohne Irak, weltweit auf Platz 6 der Erdölvorkommen) aufgrund der Joint Ventures mit westlichen Mineralölkonzernen nicht den großen erhofften Profit gebracht. Denn die Erträge flossen direkt an die Zentralregierung in Bagdad. Deshalb bemühte sich die Autonome Region Kurdistan um Industrieansiedlungen, die hohe Steuereinnahmen versprachen. Die Folge war ein zunehmender Strukturwandel: weg von der Landwirtschaft, hin zu einer industriellen Produktion.

Der Boom erzeugte eine gut verdienende Mittel- und Oberschicht, die in Luxus lebte. Das Land schien eine Neuauflage von *Tausendundeine Nacht* zu werden. Es wurden neue Infrastrukturprojekte in Angriff genommen. Darunter waren ein gigantischer Staudamm zur Bewässerung landwirtschaftlicher Nutzflächen, Flughäfen, das Straßennetz und der Schienenverkehr. All das, was die Kurden während der Krisenzeiten vor 1991 erlebt hatten, schien vergessen. Die Motorisierung nahm stark zu, auch der private und der öffentliche Bausektor wuchsen stetig. Allerdings fehlte den Kurden wirtschaftspolitische und unternehmerische Langzeiterfahrung. Deshalb erkannten sie nicht rechtzeitig, dass ihr neu erlangter Wohlstand keine nachhaltigen Strukturen hatte. Er beruhte auf einer Expansionsblase, und auf ein Ende dieses Aufschwungs war die Autonome Region Kurdistan nicht vorbereitet.

2014: Die Krise

Gedämpft wurde der wirtschaftliche Höhenflug jäh, als der IS 2014 mit seiner Invasion in den Irak begann. Die Erdölexporte wurden empfindlich getroffen, der öffentliche Sektor litt unter Finanznot, Löhne wurden zurückgehalten, es kam zur Stagnation. Die kriegerischen Auseinandersetzungen verschreckten ausländische Anleger. In der Folge machten sich viele junge Kurden 2015 als »Flüchtlinge« Richtung Europa auf, obwohl vielen von ihnen in der Autonomen Region Kurdistan keine Gefahr drohte. Tatsächlich waren die meisten von ihnen Wirtschaftsmigranten. Der »Goldrausch« fand ein abruptes Ende, die Wirtschaft brach teilweise zusammen. Nun rächte sich der Mangel an wirtschaftspolitischer Kompetenz und Erfahrung. Die Kurden hatten kein eigenes Banken- und Finanzwesen, und ihre Volkswirtschaft existierte erst seit etwa 20 Jahren. Ohne Erdöl gab es keine Exportartikel, keine Patente, es fehlten sonstige nennenswerte Bodenschätze und Produktionsanlagen.

Hinzu kamen ein gehöriges Maß an Ignoranz, politische Unfähigkeit und die Korruption, die seit jeher ein drastisches Problem in Kurdistan ist und dem Rest des Irak in nichts nahesteht. Auf der Rangliste der NGO Transparency International stand der Irak 2017 auf Platz 169 von insgesamt 180 Ländern. Die Korruption hatte während der »fetten« Jahre nach 2003 in der Autonomen Region Kurdistan abenteuerliche Ausmaße angenommen und eine sozial ausgeglichene Verteilung des Aufschwungs verhindert. Nur wenige Familien und

Clans profitierten, auch wenn die langsam wachsende Mittelschicht allmählich zu einer ausgewogeneren Wohlstandsverteilung beiträgt.

Diese hausgemachten Probleme bestanden auch nach der erfolgreichen militärischen Zerschlagung des IS weiter fort. Seit 2015/2016 hat die Wirtschaft der Region zwar wieder Fahrt aufgenommen. Durch Hilfen aus den EU-Staaten wurden Stabilität und Sicherheit erhöht, was Investoren wieder anlocken sollte. Doch die Lage blieb weiterhin fragil. In diese Zeit fällt der Versuch der Regierung der Autonomen Region Kurdistan, die Region durch das Referendum sowohl regional als auch international zu stärken und zudem neue territoriale Fakten bezüglich der erdölreichen Gegend um Kirkuk zu schaffen – ein Ansinnen, das von Oppositionellen schon früh als »Selbstmordkarte« bewertet wurde. Statt des erwünschten Ausgangs führte es denn auch zum militärischen Eingreifen der Zentralregierung und zur Schwächung der Kurden im Irak.

Die gegenwärtige Lage

Die gegenwärtige wirtschaftliche Situation in der Autonomen Region Kurdistan würde ich auf einen simplen Nenner bringen: riesiges Potenzial und viel zu geringe Ausbeute. Dies gilt für den Primärsektor, aber auch für Produktion und Dienstleistung. Das Land hat gewaltige Ressourcen und Entwicklungsmöglichkeiten, jedoch bleiben sie meist ungenutzt. Das beste Beispiel hierfür ist der mit Abstand lebenswichtigste Wirtschaftszweig – die Erdölförderung. Nicht weit von den großen Ballungsräumen liegen die riesigen Förderanlagen und Ölraffinerien. Wann immer ich durch Duhok fuhr, begegneten mir unzählige Tanklastwagen. Die gesamte Region ist vom Erdöl geprägt. Was allerdings sofort ins Auge fällt, ist die miserable Effizienz. Das bei der Ölförderung austretende Erdgas wird nicht so genutzt, wie dies technisch möglich und vor allem wirtschaftlich wünschenswert wäre. Statt es aufzufangen und zur Verstromung zu verwenden, wird das Erdgas einfach abgefackelt. Dabei könnte man es mittels Turbinen zur Stromerzeugung nutzen. Überall sieht man die *Flares* (Flammen) am Himmel, die pure Energie und bares Geld verbrennen.

Eine Folge dieser ineffektiven Ressourcennutzung ist die unzureichende Stromversorgung in der Autonomen Region Kurdistan. Von einer Stromstabilität, wie wir sie etwa in Deutschland kennen, ist Kurdistan Lichtjahre entfernt. Trotzdem und bei aller Kritik – die Energieversorgung ist deutlich verlässlicher und reibungsloser als im Rest vom Irak. Dort gab es im Süden des Landes während der Sommermonate 2018 Volksaufstände wegen der häufigen und lange anhaltenden Stromausfälle. Zudem war das Wasser verseucht und führte zu Krankheiten.

Doch auch in der Autonomen Region Kurdistan ist man von einer stabilen Stromversorgung noch weit entfernt. Dabei ist sie eine wichtige Säule der Infrastruktur und für eine prosperierende Wirtschaft unerlässlich. Viele Privathaushalte und Unternehmen ergreifen provisorische Notlösungen und haben sich Dieselgeneratoren angeschafft, um zumindest über diese Art der Notversorgung am Netz zu bleiben. Dank der billigen Benzinpreise ist dies die einfachste Alternative. Eine wirtschaftliche Wachstumsgrundlage vermag dies jedoch kaum zu sein.

Ich selbst habe bei meinen Besuchen fünf bis sechs Blackouts am Tag erlebt. Diese erfolgten vor allem in den Sommermonaten, wohl wegen der überall laufenden Klimaanlagen. Die Ausfälle dauern Minuten, dann wieder eine halbe Stunde oder auch wesentlich länger.

Einmal steckte ich ganze 20 Minuten in einem Hotelaufzug fest, weil der Generator partout nicht anspringen wollte. Nichts rührte sich, es war stockdunkel und totenstill. Ich richtete mich schon darauf ein, im Aufzug zu übernachten. In der Metallkabine gab es keinen Handyempfang, und den Notruf hörte niemand. Die Bewohner der Autonomen Region Kurdistan sind jedoch längst an derartige Zustände gewöhnt. Stromausfälle sind das Normalste der Welt, und man wartet dann eben ab, bis der Generator seinen Dienst tut.

Um Abhilfe zu schaffen, wären bei Weitem mehr Kraftwerke notwendig, die energetisch effizient funktionieren. Möglichkeiten gäbe es genug: Neben dem ungenutzten Erdgas denke ich an den gigantischen Mossuldamm. Er bietet ein gewaltiges Versorgungspotenzial. Nicht zu vergessen ist auch die Sonnenenergie, die in dieser Region der Erde dazu prädestiniert wäre, fossile Energieträger zu ersetzen. Im Bereich der Energieversorgung zeigen sich, wie allgemein beim Ausbau der Infrastruktur, die lähmenden Auswirkungen von Korruption und Vetternwirtschaft besonders deutlich. Hier liegen noch riesige Herausforderungen für die Politik in der Autonomen Region Kurdistan.

Eine weitere Großbaustelle ist die Landwirtschaft. Bei meinen Reisen durch Kurdistan war wenig von funktionierenden Agrarstrukturen zu sehen. Der grüne Reichtum bleibt ungenutzt. Dabei ist das Land eines der fruchtbarsten des gesamten Mittleren Ostens. Zwar werden Weizen, Granatäpfel, Sonnenblumen und Früchte angebaut, doch insgesamt viel zu wenig und zudem nicht systematisch. Historisch ist das Gebiet der autonomen Region eine der ältesten Kulturlandschaften, schon in der Antike lag hier die Kornkammer des Orients. Jahrhundertelange, meist extensive Nutzung und Subsistenzwirtschaft führten dazu, dass heute viele Felder verwildert brachliegen. Der Anteil des Agrarsektors am Bruttoinlandsprodukt geht seit Jahren zurück.

Die zahllosen Konflikte der letzten Jahrzehnte haben den Aufbau einer modernen, effizienten Landwirtschaft verhindert. Meinem Eindruck nach könnte man hier pro Jahr wohl zwei oder gar drei Ernten einfahren, wenn das Potenzial genutzt würde. Stattdessen importiert die Autonome Region Kurdistan ihren Bedarf an Lebensmitteln und landwirtschaftlichen Produkten größtenteils aus dem benachbarten Ausland, vor allem aus der Türkei.

Einflussnahme der irakischen Zentralregierung

Hinzu kommt, dass die Zentralregierung in Bagdad auf die Autonome Region Kurdistan finanz- und wirtschaftspolitisch Druck ausübt. Es geht um den gewaltigen Rohstoffreichtum Kurdistans. Bei meinen Besuchen wurde mir hinter vorgehaltener Hand von vielen kurdischen Politikern und Unternehmern bestätigt, wie enorm der Einfluss der irakischen Zentralregierung ist. Seit Kurzem wird nur noch die Nominalwährung, der irakische Dinar, als amtliches Zahlungsmittel in Kurdistan geduldet. Ausländische Devisen, vor allem der US-Dollar, werden aus dem Zahlungsverkehr verdrängt und unter die Kontrolle der Zentralbank in Bagdad gestellt. Ich bekam dies zum ersten Mal kurz vor dem Referendum bei einem einfachen Vorgang zu spüren: Ich musste meine Hotelrechnung in Dinar und nicht wie vorher in Dollar bezahlen.

Nicht nur die politische Stabilität in der Autonomen Region Kurdistan, auch ihre Freizügigkeit macht die Region für den Westen attraktiv. Das Nachtleben mit Discotheken, Kneipen und Clubs, in denen Alkohol erhältlich ist, erscheint den Handelspartnern und Investoren sympathisch. Sogar Schweinefleisch gibt es hier, zum Beispiel im »Deutschen Hof« im Christenviertel von Erbil, in dem man Schweinebraten, Bratwürste und Koteletts bestellen kann. Westliche »Errungenschaften« wie Tabledance, Glücksspiel oder Prostitution sind in der Autonomen Region Kurdistan freilich untersagt, obwohl selbst dies unter der Hand existiert. Der Unterhaltungs- und Freizeitsektor boomt. Aus dem Iran kommen viele junge Leute nach Erbil, um dort den Spaß zu haben, der ihnen in ihrem Heimatland verwehrt bleibt.

2017 sperrte Bagdad ein halbes Jahr den internationalen Flughafen Erbil für die zivile Luftfahrt. Nur Militärflüge und Flugzeuge mit Hilfslieferungen durften landen, während der gesamte reguläre Flugverkehr über Bagdad abgewickelt werden musste, mit bitteren Konsequenzen für viele Passagiere. So wurde etwa das Visum eines deutschen Freundes, der ein 10-Jahres-Visum für die Autonome Region Kurdistan besitzt, von den Behörden in Bagdad kurzerhand für ungültig erklärt. Die Behörden nahmen ihn für eineinhalb Tage in Abschiebehaft und wiesen ihn schließlich aus mit der Aufforderung, sich über die irakische Botschaft in Berlin ein »gültiges« Visum zu beschaffen. Dies war kein Einzelfall. So versuchte Bagdad die Besucher der Autonomen Region Kurdistan zu schikanieren, zu einer Zeit, als die Schaffung von wirtschaftlicher Stabilität vordringlich gewesen wäre.

Ausblick

Trotz all dieser Schwierigkeiten ist die Autonome Region Kurdistan auf dem Weg zu einer marktwirtschaftlich orientierten Ökonomie nach westlichem Vorbild. Die Erdölressourcen stellen ein riesiges Wohlstandspotenzial für die insgesamt sehr junge kurdische Bevölkerung dar. Doch die Region darf nicht den Fehler begehen, sich allein auf Öl und Gas zu beschränken. Die fossilen Energieträger sind bekanntlich ein Auslaufmodell. Es gilt daher, den Blick auf andere, zukunftsträchtige Wirtschaftssektoren zu richten. In Dubai, Katar, Bahrain und den anderen Golfstaaten hat man das längst erkannt. Sie rüsten sich bereits für die Zeit nach dem Erdöl und Erdgas. Neue Wirtschaftszweige werden erschlossen: Man setzt auf Finanzunternehmen, innovative Forschungszentren und Informationstechnologie. Daran sollte sich die noch junge und aufstrebende Autonome Region Kurdistan ein Beispiel nehmen.

Ein für die Kurden vielversprechender Wirtschaftszweig ist der Tourismus. Die landschaftliche Schönheit der autonomen Region und ihr reichhaltiges kulturelles Erbe bieten internationalen Urlaubern und Reisenden lohnende Reiseziele. Es existiert bereits ein Naherholungsgebiet in Dukan; auch die Bergregion Barzan ist ideal für Individualtouristen, sie ist bestens für Trekking- und Wandertouren geeignet. Die Gegenden sind sicher und liegen weitab von den Krisengebieten. Die Grenze zu Syrien ist vier Autostunden entfernt, in den Zentralirak sind es über zwei Stunden, der nahe gelegene Iran ist in der Grenzregion kaum besiedelt. In Barzan habe ich zum ersten Mal ein Wolfsrudel in freier Wildbahn erlebt – unbeschreiblich faszinierend. Ich wundere mich seither nicht mehr darüber, dass die Menschen dort nur bewaffnet unterwegs sind. Die unberührten Landschaften Kurdistans mit ihrer beeindruckenden Flora und Fauna eignen sich für die Errichtung großräumiger Naturschutzparks.

Eine weitere Attraktion Kurdistans sind die unzähligen und von der UNESCO zum Teil sogar als Weltkulturerbe deklarierten kulturellen Schätze. So beherbergt die Hauptstadt Erbil, die auf eine sechs Jahrtausende alte Siedlungsgeschichte zurückblickt, eine Fülle von Sehenswürdigkeiten. Dasselbe galt auch für Mossul in der Ninive-Ebene, bis es im Kampf gegen den IS größtenteils zerstört wurde.

Eigentlich ist die die autonome kurdische Region im Norden des Irak also für den internationalen Fremdenverkehr prädestiniert. Allerdings sind eine verstärkte politische und gesellschaftliche Stabilisierung und ein entsprechendes Engagement die Voraussetzung für die touristische Erschließung.

Die Herausforderung für die politische Führung besteht darin, die Errungenschaften der letzten Jahre, insbesondere die wirtschaftlichen Erfolge, so zu nutzen, dass davon alle Kurden profitieren. Es dürfen sich nicht wieder die Magnaten und raffgierige Politiker bereichern. Insbesondere muss auch gewährleistet werden, dass das Engagement der kurdischen Bevölkerung für ihr Gemeinwesen gewürdigt und belohnt wird. Es muss etwas gerade für diejenigen übrig bleiben, die auf dem Weg zur Autonomie und zur Erschließung des Landes viel geleistet oder erduldet haben, sei es im Kampf, sei es als Opfer des Chemiewaffenangriffs von 1988 oder der berüchtigten »Anfal«-Kampagne, als Inhaftierte, die gedemütigt, geschlagen und gefoltert wurden, oder aber auch einfach als einfache Bürger, die sich an diversen Aufständen, Abstimmungen und öffentlichen Petitionen beteiligt haben.

Kurdistan gehört allen Rassen, Religionen, Sekten und Kulturen, die in seinen Grenzen leben, und niemand von ihnen darf zurückgelassen werden. Wie in anderen Kapiteln dieses Buchs ausgeführt wurde, ist es noch ein weiter Weg, bis dieser Wunsch Wirklichkeit und ein friedliches Zusammenleben erreicht sein wird.

Doch die Kurden haben große Chancen, zu einer wirtschaftlich, wissenschaftlich, moralisch und kulturell weltweit angesehenen Nation zusammenzuwachsen. Die heute in Kurdistan lebenden Menschen haben größtenteils eine ganz andere Mentalität als ihre Eltern und Großeltern, die noch im letzten Jahrhundert groß geworden sind. Die jüngeren Generationen gehen Konflikte anders an, sind lösungsorientiert, politisch interessiert und bereit zu Reformen. Sie eint der Mut und die Entschlossenheit, ein stabiles, freiheitliches Land in Wohlstand und mit Rechtssicherheit aufzubauen. Darin darf es keinen Platz mehr geben für Diktatur und für korrupte Seilschaften. Wenn es diesen Kräften gelingt, sich durchzusetzen, dann wird Kurdistan einen neuen, dauerhaften Boom erleben, der sich nicht nur auf die Ökonomie beschränkt.

10. BEZIEHUNGEN ZUR TÜRKEI

Die Türkei ist nicht nur der Staat mit dem weltweit höchsten kurdischen Bevölkerungsanteil und den flächenmäßig größten kurdischen Siedlungsgebieten. Auch ihre geografische Lage, die jahrhundertelange Bedeutung des Osmanischen Reichs, ihre Mitgliedschaft in der NATO und ihre militärische Schlagkraft machen sie zu einem bestimmenden Faktor im Mittleren Osten. Die Türkei übt fast existenziellen Einfluss auf die angrenzende Autonome Region Kurdistan aus. Die Beziehung der irakischen Kurden zum großen Nachbarn ist eng, jedoch von extremer Ambivalenz geprägt.

Kurden und Türken im Licht der Geschichte

Die Türkei – und vor ihr das Osmanische Reich – war stets der Feind der Kurden, sobald diese politisch und kulturell nach Eigenständigkeit strebten. Weder unter dem Sultanat noch unter der türkischen Republik wurde die Existenz eines eigenständigen kurdischen Volkes akzeptiert, geschweige denn der Ruf nach einer kurdischen Nation geduldet. Unter den Osmanen genossen die kurdischen Stämme und Fürstentümer immerhin eine relative politische Autonomie, die bis ins 19. Jahrhundert weiterbestand. Diese einigermaßen weitreichende »freundliche« Duldung hatte ihre Wurzeln in der Schlacht von Tschaldiran im Jahr 1514. Damals warf das osmanische Imperium im heutigen Nordwestiran die persischen Safawiden nieder. Die Kurden hatten Seite an Seite mit den osmanischen Truppen gekämpft. Hinzu kam, dass die Hohe Pforte (Regierung des Osmanischen Reiches) vergleichsweise tolerant gegenüber anderen Glaubensgemeinschaften und Volksgruppen innerhalb ihres riesigen Herrschaftsgebiets war. In ihren Außenbereichen, wie Arabien, Ägypten oder dem Irak, folgte man der Devise »teile und herrsche«. Das brachte für die betroffenen Völker und Religionen gewisse Freiheiten, trotz Tributpflicht und prinzipieller Unterwerfung unter die Oberhoheit des Sultans. Auch die Kurden konnten in ihren angestammten Siedlungsgebieten in Ostanatolien und der Region von Van weitestgehend unbehelligt leben.

Erst als das Osmanische Reich durch viele lokale Unabhängigkeitsbewegungen zunehmend schwächer wurde, wagten auch die Kurden mehrere Aufstände gegen den Sultan. Der griff in ihrem Fall allerdings militärisch hart durch, entmachtete die wichtigsten kurdischen Regionalherrscher und unterstellte die kurdischen Stämme in einer Art Gleichschaltung der eigenen autoritären Regierung. Dies war der Beginn des Rufs nach kurdischer Selbstbestimmung und der Forderung nach einem einheitlichen Kurdenstaat durch führende kurdische Politiker und Intellektuelle. Nach dem Zusammenbruch des Osmanischen Reichs sahen die Kurden die Stunde ihrer Unabhängigkeit gekommen, die ihnen zunächst auch die siegreichen Großmächte zusicherten. (siehe Kapitel 2). Doch im Zuge der Revolution der Jungtürken, der militärischen Siege Atatürks und der anschließenden Ausrufung eines strikt nationalistischen Türkenstaats zog der Westen seine Zusagen zurück. Für abtrünnige Ethnien und Autonomiebestrebungen war nun kein Platz mehr.

Jäh zerplatzte der Traum von der kurdischen Unabhängigkeit. Die Kurden galten fortan als integraler Teil der Türkei und wurden als »Bergtürken« bezeichnet. 1930 erklärte Atatürks Justizminister Mahmut Esat Bozkurt in einem berüchtigt gewordenen Ausfall gegen die kurdischen Separatisten: »Die Türken sind die Herren dieses Landes. Wer kein ›Öztürk‹ (»reiner Türke«) ist, hat nur ein Recht: das Recht, Diener oder Sklave zu sein.« Nach etlichen kurdischen Aufständen in den Jahren 1925 bis 1938, die die Türkei allesamt militärisch niederschlug, betrieb die türkische Republik eine radikale Politik der Assimilation und Unterdrückung. Kurden hatten sich fortan als Türken zu begreifen, oder sie riskierten Verfolgung. Die kurdische Sprache wurde verboten. Ab den 1970er-Jahren organisierten sich die Anhänger der kurdischen Unabhängigkeit in sozialistischen und marxistischen Parteien und Strömungen, die damals als Teil der neuen Gegenkultur von Hippies und Studenten weltweit *en vogue* waren. Für die Kurden war es eine Gelegenheit, hinter den sozialrevolutionären, internationalistischen Forderungen ihre verbotenen Ziele zu verbergen. Der Konflikt mit der türkischen Staatsmacht entschärfte sich damit ein Stück weit. Aus einer der neuen Untergrundgruppen ging die PKK hervor, aus deren Freiheitskampf sich ein erbitterter Bürgerkrieg mit Zehntausenden Toten entwickelte (siehe Kapitel 5). Die Türkei bekämpft die PKK bis heute als »gefährliche terroristische Gruppe« und benutzt sie als Vorwand für militärische Invasionen im Irak wie in Syrien. Die Bedienung des Feindbildes »PKK« funktioniert beim nationalen Publikum nach wie vor. Gerade Erdoğan wusste das immer für seine Politik zu nutzen.

Wirtschaftliche Partnerschaft

Etwa ab dem Jahr 2008, fünf Jahre nach dem Dritten Golfkrieg, als die infrastrukturelle Erholung und halbwegs auch eine Befriedung großer Teile der irakischen Erdölfördergebiete erreicht waren, wurde der Ölexport aus dem Irak wieder ein geopolitisches Thema. Dies betraf nicht nur die südirakischen Ölförderungen, sondern auch jene in den kurdisch kontrollierten Gebieten. In der Autonomen Region Kurdistan kam es zeitweilig zu einer regelrechten Goldgräberstimmung. In Kirkuk machte bereits die Vision von einem »zweiten Dubai« die Runde, als neuer internationaler Finanzplatz. Nur der Vormarsch des IS unterbrach diese Träumereien jäh.

Die Türkei bewies schon früh Weitblick. Sie schloss mit der irakischen Zentralregierung, aber auch mit der damaligen kurdischen Regionalregierung Verträge, um dieses Öl über den Golf von Ceyhan zu importieren und verkaufen zu können. Erdöl als Ressource für die Produktion und als devisenträchtige Handelsware legte die Grundlage für gute politische Beziehungen der Türkei zu den Mächtigen in Kurdistan.

Eine weitere, außerordentlich wichtige Ressource Kurdistans, das Wasser, stand ebenfalls im Blickpunkt der Türkei. Die Ströme Euphrat und Tigris fließen durch die Türkei in die Autonome Region Kurdistan und bilden die größten Trinkwasserreservoirs der gesamten Region. Somit waren Öl und Wasser die Wegbereiter einer wechselhaften, aber bis heute bestehenden Zweckbeziehung zwischen der türkischen Führung und der DPK, insbesondere zu Necirvan Barzani. Der Ministerpräsident der Autonomen Region Kurdistan gilt als Initiator der damaligen Verhandlungen. Die Partnerschaft brachte beiden Seiten Nutzen: Die Türkei profitierte vom Ressourcenreichtum und sicherte sich lukrative Handelswege. Erbil hingegen brauchte die Türkei als Tor zum Westen – denn anders als der benachbarte Iran steht der Autonomen Region Kurdistan kein Seeweg wie die Straße von Hormuz für Ölexporte zur Verfügung. Durch die Binnenlage ist man auf den türkischen Partner als Vernetzung zum internationalen Markt angewiesen.

Der bis heute einzige Grenzübergang zwischen der Türkei und der Autonomen Region Kurdistan ist Ibrahim Khalil am Tigris-Nebenfluss Chabur, zwischen der kurdischen Stadt Zaxo und der türkischen Stadt Silopi gelegen. Er markiert die Verbrauchssteuer- und Zollgrenze zwischen der autonomen Kurdenregion und der Türkei. Staatsrechtlich handelt es sich um einen irakisch-türkischen Grenzposten, der jedoch ausschließlich von den Peshmerga beider kurdischer Parteien, der DPK und der PUK, kontrolliert und bewacht wird. Über dem Grenzübergang weht nicht die irakische Flagge, sondern die der Region Kurdistan. Der Übergang ist eine wichtige Lebensader für die Autonome Region Kurdistan, über die nicht nur der regionale Handel, sondern auch die Versorgung mit Lebensmitteln, Rohstoffen und technischen Geräten erfolgt. Bis heute überqueren täglich rund 6000 Lastwagen den Checkpoint. Ibrahim Khalil ist als einer der wichtigsten Gateways zum Mittleren Osten für die Türkei und die Autonome Region Kurdistan ein gutes Geschäft. Der Grenzübergang verdeutlicht, wie eng die ökonomischen Interessen der autonomen Region und der Türkei verflochten sind.

Doch Ibrahim Khalil war immer auch ein Brennpunkt all des Leidens und der Krisen in der Region. Er brachte den nordirakischen Kurden zehn Jahre Blutvergießen, denn er war Schauplatz mehrerer türkischer Interventionen gegen PKK-Stellungen im Nordirak. Zudem wickelten die Kriegsmafia, kriminelle Menschenschmuggler und Drogenbanden hier ihre Geschäfte ab, was immer wieder zu Gefechten mit Sicherheitskräften führte. Ibrahim Khalil ist trotz der momentanen wirtschaftlichen Prosperität jedoch auch ein Symbol der Kehrseite der türkisch-kurdischen Beziehungen. Denn letztlich ist alles vom politischen Kalkül in Ankara abhängig. Ein politischer Kurswechsel der Türkei, die sich als militärischer Wächter der Region versteht, kann die Lage völlig zum Nachteil der Autonomen Region Kurdistan kippen.

Das türkische Kurdenproblem

Natürlich verfolgen alle Kurden in der Autonomen Region Kurdistan stets sehr genau, was in Bakur passiert. Und allen guten Beziehungen auf der Regierungsebene zum Trotz vergisst kein Kurde der autonomen Region je das Schicksal seiner Brüder und Schwestern, die in der Türkei ermordet wurden oder die heute noch zu Tausenden in überfüllten Gefängnissen dort festgehalten und gefoltert werden. Dabei hatten sich türkische und nordirakische Kurden eigentlich über Jahrzehnte voneinander entfremdet. Letztere warfen ihren Volksgenossen vor, ihre »kurdische Seele« durch die Assimilierungspolitik verloren zu haben und somit keine echten Kurden mehr zu sein. Aber mittlerweile besinnt man sich wieder auf die gemeinsame Herkunft, nachdem das Erdoğan-Regime die Kurden wieder erbarmungslos politisch und gewaltsam verfolgt.

Pausenlos liefen bei vielen meiner Besuche in der Autonomen Region Kurdistan Bilder im Fernsehen von der zerstörten kurdischen Stadt Nisêbîn in der Türkei, vom Abbrennen der Wälder von Dersim, der Leichenschändung an kurdischen Frauen und den Kriegsverbrechen der türkischen Armee an der kurdischen Zivilbevölkerung. Die Türkei spricht bei den Opfern pauschal von »Terroristen« der PKK-Guerilla. All das ist den Kurden jenseits der Grenze in der Autonomen Region Kurdistan nicht gleichgültig und provoziert stets massive Konflikte.

Das war auch angesichts der Militäroperation in Rojava der Fall. Als die Türkei im Januar 2018 in Efrîn einmarschierte, kam es unter der – ansonsten als sehr gemäßigt geltenden – Bevölkerung von Erbil zu Unruhen. Verärgerte Kurden rissen türkische Flaggen von Hotels. Im Zentrum kam es zu Übergriffen auf türkische Bürger. Sprechchöre verbreiteten Hass gegen Erdoğan und den türkischen Staat. Aber wie ich in Gesprächen mit vielen Kurden feststellen konnte, bedarf es gar nicht unbedingt besonderer Anlässe, um die Türkei als kurdenfeindliche Macht zu schmähen. Es sind die anhaltende Verweigerung eines kurdischen Selbstbestimmungsrechts und die Verleugnung der kurdischen Identität, die für große Bitterkeit sorgen. Ein befreundeter kurdischer Journalist schrieb mir jüngst: »Die Türken hassen alle anderen Nationen, aber uns Kurden sehen sie nicht einmal als Nation.« Die Menschen im Nordirak haben stets im Hinterkopf, wie sehr die Kurden von den patriotischen Türken verachtet werden – egal ob sie normale Zivilisten, Freiheitskämpfer, HDP-Politiker oder PKK-Anhänger sind. Und dass die Türkei unter dem Erdoğan-Regime zu einem riesigen Massengefängnis verkommen ist, hat man in der Autonomen Region Kurdistan längst registriert.

Hinzu kommt vor allem noch, dass sich die Türkei zuletzt ganz offen mit islamistischen Extremisten verbündet hat – sogar mit dem IS, den die nordirakischen Kurden vor vier Jahren unter hohem Blutzoll bezwangen. In den Augen vieler Bürger der Autonomen Region Kurdistan ist Ankara kein verlässlicher Partner. In Adana beherbergt die türkische Regierung eine große Zahl einstiger Kämpfern des IS und anderer dschihadistischer Milizen. Sie verübten Seite an Seite mit türkischen Soldaten Kriegsgräuel in Rojava und vor allem in Efrîn. Es ist schon zynisch zu nennen: Während die Türkei Kurden im eigenen Land und in Nordsyrien drangsaliert, entrechtet und ermordet, liefert sie gleichzeitig Waffen an die Kurden der Autonomen Region Kurdistan. Dort rekrutiert Ankara Söldner und drängt auf engen geheimdienstlichen Austausch, weil die Autonome Region Kurdistan als Verbündeter im Kampf gegen die PKK benötigt wird, deren Rückzugsgebiet im nordirakischen Kandil-Gebirge liegt.

Aber die Kooperation der Türkei mit der Autonomen Region Kurdistan hat vor allem auch wirtschaftliche Interesse. Die Pipeline, die das kurdische Erdöl und obendrein irakisches Öl in die Türkei transportiert, erstreckt sich durch das ganze autonome Kurdistan. Sie führt zum Teil am syrischen Grenzgebiet entlang und ist für Sprengstoffanschläge der PKK anfällig. Die türkische Regierung braucht die Peshmerga zum Schutz der Pipeline. Es ist eine Situation, die für den Mann auf der Straße schwer zu verstehen ist. Im eigenen Land und in Syrien schlachtet die Türkei kurdische Volksgenossen ab, doch gleichzeitig sind die Peshmerga wichtige Verbündete Ankaras.

Wohlwollen und Willkür – die Beziehung zu Erdoğan

Die Politik Erdoğans gegenüber der Autonomen Region Kurdistan hat sich innerhalb des letzten Jahres deutlich verändert: Lange Zeit hatte er die Barzani-Regierung zurückhaltend, aber wohlwollend behandelt. Die Nachbarschaftsbeziehungen verbesserten sich merklich, als die türkische Regierung merkte, dass der Autonomiestatus im Irak keine Blaupause für die türkischen Kurden sein kann. So wurde etwa bei einem Besuch des Staatspräsidenten der Autonomen Region Kurdistan, Masud Barzani, in Ankara die offizielle kurdische Flagge gehisst. Normalerweise ist sie in der Türkei verboten, allein für das Zeigen kann man prompt verhaftet werden. Die rot-weiß-grüne Flagge mit der Sonne war hinter beiden Staatsmännern gleichrangig neben der türkischen Flagge aufgezogen und sogar auf offiziellen Porträtbildern des Treffens zu sehen. Diese Geste löste heftige Kontroversen unter türkischen Nationalisten aus.

Eine noch engere Beziehung als zu Masud Barzani pflegt Erdoğan mit Premierminister Necirvan Barzani. Es handelt sich dabei wohl vor allem um ein Zweckbündnis, das allerdings auch vonseiten vieler Kurden, insbesondere der politischen Linken, scharf kritisiert wird. Nach außen hin zelebrieren beide Politiker ihr Verhältnis zuweilen wie eine Art Männerfreundschaft. Die kurdische Regierung betrachtete die Rückendeckung des mächtigen Nachbarn lange Zeit als eine Voraussetzung für die kommende Unabhängigkeit vom Irak. Und die Autonome Region Kurdistan war wichtig für die Türkei. Denn über die kurdische Erdöltransportroute konnte Ankara seine Abhängigkeit von russischem und iranischem Öl reduzieren. Auch westliche Beobachter teilten 2014 und 2015 die Einschätzung, langfristig komme der Türkei eine Schlüsselrolle bei der kurdischen Unabhängigkeit zu.

Tatsächlich hielt sich Erdoğan bis zum Frühherbst 2017, also im Vorfeld des Unabhängigkeitsreferendums in der Autonomen Region Kurdistan, mit Äußerungen zur geplanten Volksabstimmung zurück. Er stand dem von Barzani vorangetriebenen Ziel, durch ein zeitnahes Referendum vollendete Tatsachen zu schaffen, ausnehmend positiv gegenüber. Erdoğan wechselte erst dann seine Position, als der Westen klargestellt hatte, dass eine mögliche Abspaltung der Autonomen Region Kurdistan vom Irak aus seiner Sicht nicht akzeptabel sei, die vermeintlichen Verbündeten und Unterstützer einer kurdischen Unabhängigkeit die Kurden also einmal mehr im Stich lassen würden. Der Westen hielt an der territorialen Integrität des Irak fest. Prompt schlug sich Erdoğan demonstrativ auf die Seite der Gegner des Referendums und sprach den nordirakischen Kurden ihr Recht auf Souveränität ab. Noch während der Stimmenauszählung drohte er mit

Sanktionen und einem möglichen Militäreinsatz gegen die autonome Region. Gleichzeitig machten die gesteuerten türkischen Medien Stimmung gegen das Referendum; die türkische Staatspropaganda verbreitete abenteuerliche Verschwörungstheorien wie etwa die, dass Staatspräsident Barzani der israelischen Regierung zugesagt habe, nach dem Referendum 200 000 Juden in der Autonomen Region Kurdistan anzusiedeln. Durch plumpen Antisemitismus sollte so die türkische Bevölkerung gegen den drohenden unabhängigen Kurdenstaat in Stellung gebracht werden.

»Wir können jederzeit über Nacht kommen«, drohte Erdoğan in der Folge des Referendums in Richtung Erbil. Eine Drohung, die er und andere führende AKP-Politiker seitdem in immer neuen Varianten wiederholt haben. Im Jahr 2018 verlangte Erdoğan offiziell, dass die türkischen Truppen innerhalb der Grenzen Mosuls bleiben können, wo sie im Vorfeld der Schlacht von Mosul 2015 stationiert worden waren, angeblich um dort eine internationale Sicherheitsgrenze zu errichten. Tatsächlich aber dehnte das türkische Militär auf diese Weise seine Einflusssphäre weiter in Richtung Tal Afar und Kirkuk aus, um die PKK von ihren Operationsgebieten abzuschneiden. Die DPK-geführte Regierung der Autonomen Region Kurdistan, die lieber heute als morgen die Präsenz türkischer Bodentruppen im eigenen Land beendet sähe, machte gute Miene zum bösen Spiel und stimmte der weiteren Stationierung zu. Der Premier ließ die Türkei in der Autonomen Region Kurdistan weiter gewähren. Necirvan Barzani bekam daraufhin heftigen Gegenwind seitens seiner politischen Gegner zu spüren, als er nach Erdoğans Wiederwahl in die Türkei reiste und der Amtseinführung beiwohnte.

Ohnehin unterhält die Türkei – zumindest teilweise mit Genehmigung der Barzani-Regierung – seit vielen Jahren neben den in Mossul stationierten Truppen auch mehrere Militärbasen in der Autonomen Region Kurdistan, von denen aus sie regelmäßig ihre Angriffe gegen die PKK startet. Dabei wird keine Rücksicht auf Zivilisten genommen. Bei den Luftschlägen im Kandil-Gebirge und auch auf Shingal kamen etliche Menschen ums Leben. Ziel war ein lokaler jesidischer Milizen-Kommandant, der angeblich PKK-Verbindungen hatte und deshalb als »Terrorist« galt.

Ich selbst war in den letzten Jahren mehrfach im Gebiet des Angriffs und kenne die Gegend gut. Ich recherchierte, wobei mir Bekannte und Freunde des Kommandanten versicherten, dieser habe nicht das Geringste mit Terrorismus zu tun gehabt. Vielmehr habe es sich um einen vorsätzlichen mörderischen Luftschlag gehandelt, dem auch diverse unschuldige Zivilisten zum Opfer fielen.

Die Türkei ist mit Billigung der Regierung der Autonomen Region Kurdistan permanent militärisch präsent in Kurdistan. Ankara hat zahlreiche Agenten in der autonomen Region im Nordirak, wo der türkische Geheimdienst MIT sehr aktiv ist. Wiederholt versuchte er, hochrangige PKK-Kommandanten in die Falle zu locken, was jedoch oft scheiterte, weil die kurdische Miliz selbst überall »wachsame Sympathisanten« in der Bevölkerung hat. Dank der Mithilfe der lokalen Bewohner gelang es der PKK im Sommer 2017, mitten im Naherholungsgebiet Dukan eine große Zahl von MIT-Agenten zu entführen. Für Erdoğan war dies ein empfindlicher Rückschlag und eine Blamage. Immerhin drohte den MIT-Gefangenen keine Hinrichtung mit Video nach IS-Manier. Die PKK will ihren vorhandenen Rückhalt in der Autonomen Region Kurdistan nicht durch unzivilisierte Gräueltaten riskieren.

In der Türkei bestehen solche Rücksichtnahmen offenkundig nicht: Ich selbst habe mehrere Propagandavideos an die Weltöffentlichkeit gebracht, in denen die grausame Hinrichtung von PKK-Kriegsgefangenen durch türkische Soldaten ohne vorangegangenen Prozess zu sehen war. Unter anderem wurden Gefangene bei lebendigem Leib von Bergklippen in die Tiefe gestoßen – woraufhin sogar der türkische Generalstab Kriegsverbrechen gegen kurdische PKK-Guerillakämpfer zugeben musste. Im Gegensatz dazu sind heutige Kriegsgefangene bei der PKK eher Gäste, sie erhalten Tee und Verpflegung. Folter gibt es nicht. Dies wurde von zahlreichen Betroffenen nach ihrer Freilassung bestätigt, und das selbst von Peshmerga-Kämpfern, die zur PKK meist eine Art Hassliebe unterhalten. Beide Seiten machen sich gegenseitig oft lächerlich, etwa indem sie militärische Erfolge, wie die Befreiung der Jesiden, genauso für sich reklamieren, wie es auch die gegnerische Partei tut.

Erst die Zustimmung der DPK und Necirvan Barzanis machten es möglich, dass die Autonome Region Kurdistan weiterhin Schauplatz eines Krieges ist, den allein die Türkei führt. Die Mitwirkung im Kampf gegen die PKK durch die kurdische Regierung geschieht in erster Linie im Interesse Ankaras. Die Politik der Barzani-Administration ist ambivalent und lässt die territoriale Einmischung und unberechenbare Drohungen Erdoğans zu. Die Menschen in der Autonomen Region Kurdistan wissen dies nur zu gut. Allein die sprichwörtliche normative Kraft des Faktischen zwingt sie, das Unabänderliche zu akzeptieren. Denn insgeheim hoffen wohl alle Kurden auf eine Friedenslösung, welche den fast vierzig Jahre währenden Konflikt zwischen der Türkei und der PKK endlich beilegt. Vorher wird Kurdistan nicht zur Ruhe kommen.

Ein Grund für die diplomatische Zurückhaltung der Barzani-Regierung mag auch darin liegen, dass man nicht weiß, wie lange Erdoğan noch an der Macht sein wird. Wie ich aus vielen vertraulichen Gesprächen weiß, herrscht in der Autonomen Region Kurdistan die Hoffnung vor, dass es in der Türkei in nicht allzu ferner Zukunft vielleicht doch zu einer Demokratisierung und einer politischen Liberalisierung kommen wird. Angesichts dieser Perspektive wird die Regierung der Autonomen Region Kurdistan die Türkei niemals frontal attackieren.

Pragmatismus als Fundament

Ich kann das Bauchweh, das viele Kurden angesichts der engen politischen Bande mit der Türkei beschleicht, gut nachvollziehen. Jedoch bin ich der festen Überzeugung, dass man die politische Nähe, die Bereitschaft zum Ausgleich und zu Kompromissen mit der Türkei als Grundmaxime kurdischer Politik akzeptieren muss. Man sollte es ganz pragmatisch sehen: Beide, die Autonome Region Kurdistan und die Türken, sind Nachbarn und sollten gute Beziehung pflegen. Wenn wir Deutsche heute mit unseren Nachbarländern, aktuell vor allem den osteuropäischen, politische Differenzen haben, sind wir doch auch stets darum bemüht, ein gutes Verhältnis und die Dialogfähigkeit zu erhalten. Unsere Geschichte lehrte uns schmerzlich, dass das Miteinander-Reden das A und O ist. Man redet auf Augenhöhe miteinander und sucht das Verbindende, nicht das Trennende. Die Reformkräfte der Autonomen Region Kurdistan haben dies verstanden und den nötigen Pragmatismus verinnerlicht – im Gegensatz zu den Hardlinern oder jenen, die wenig von ausgleichenden politischen Gepflogenheiten verstehen.

Zusammenfassend muss man also konstatieren: Ob es den Kurden nun gefällt oder nicht, die Türkei ist ihnen Freund und Feind zugleich. Ihr Verhältnis zueinander ist, wie ich mehrmals bei meinen Reisen durch Kurdistan zu hören bekam, gewissermaßen »wie Himmel und Hölle in einem«. Man kann nicht mit und nicht ohne einander, und deshalb steht fest: »Mit« oder »gegen« sind im Umgang mit dem türkischen Nachbarn im Prinzip keine Alternativen, zwischen denen die Autonome Region Kurdistan wählen kann.

Auch viele in Europa lebende Kurden schätzen die Lage so ein, dass die ökonomischen Verbindungen zwischen der Türkei und der Autonomen Region Kurdistan so sehr gewachsen sind, dass sie durch politische Diskrepanzen kaum mehr zu trennen sind, wie etwa Ali Can von FEYKOM, dem Dachverband der kurdischen Vereine in Österreich, erklärt. Realpolitisch betrachtet brauchen beide Seiten einander, und im Zweifelsfall die Autonome Region Kurdistan sogar die Türken noch mehr als umgekehrt: Den Kurden verbleiben an ausländischen Nachbarn ansonsten ja nur der Iran – mit dem auf unabsehbare Zeit jegliche Import- und Exportgeschäfte wegen des internationalen Embargos ausscheiden – oder Syrien, wo wegen des dortigen Bürgerkriegs keine lohnenden Handelsbeziehungen in Aussicht stehen. Und der Irak mit seiner Zentralregierung, die die Autonome Region Kurdistan nach wie vor zu gängeln versucht, ist ihnen ohnehin spinnefeind. Somit bleibt der Autonomen Region Kurdistan nur die Türkei als das kleinste Übel unter allen Nachbarländern. Die Beziehung zu ihr ist gerade wegen der wechselseitigen Abhängigkeit – unabhängig von allen Worten und Bekundungen der Politiker – so stabil.

Ein Hoffnungsschimmer für die Kurden ist, dass Erdoğan nach außen umso mehr auf gutes Einvernehmen mit der Autonomen Region Kurdistan angewiesen ist, je prekärer die volkswirtschaftliche Lage der Türkei ist. Denn seit dem Verfall der türkischen Lira und dem bevorstehenden Staatsbankrott kann es sich auch die Türkei nicht mehr leisten, die wirtschaftlichen Beziehungen zur Autonomen Region Kurdistan aufs Spiel zu setzen. Erdoğan versucht von dieser unbequemen Tatsache abzulenken, indem er der Autonomen Region Kurdistan droht und sie herabwürdigt. Dabei dürfte es sich jedoch nur um taktische Manöver handeln, um seine antikurdische nationalistische Gefolgschaft zu beruhigen. So sprach er in seiner Propagandarede »2023«, die von türkischen Nationalisten und den AKP-Parteifreunden frenetisch beklatscht wurde, offen davon, in die Autonome Region Kurdistan einzumarschieren, und deutete an, Kirkuk und Erbil erobern zu wollen.

Sollte Erdoğan jedoch tatsächlich, etwa in einer Kurzschlusshandlung oder als schiere Verzweiflungstat, eines Tages seinen markigen Ankündigungen Taten folgen lassen und das Unvorstellbare wagen, dann wären die Folgen katastrophal. Es würde unweigerlich auf einen gesamtkurdischen Volksaufstand hinauslaufen. Denn eine türkische Fremdherrschaft würden die Kurden garantiert noch entschiedener ablehnen, als sie bereits die irakische Zentralregierung verdammen.

Daran habe ich persönlich keinen Zweifel. In Hintergrundgesprächen, die ich unmittelbar nach dem Referendum führte, fragte ich meine kurdischen Freunde und Kontakte unzählige Male: »Wie reagiert ihr, wenn jetzt der Irak einmarschieren sollte?« Die Antwort war immer dieselbe: »Wir kämpfen bis zum letzten Blutstropfen, und eher werden wir sterben, als uns zu ergeben.« Da kommt sie wieder zum Vorschein, die typisch kurdische Mentalität, die diesem stolzen Volk seit Jahrhunderten innewohnt. Bei einer türkischen Invasion wäre die Antwort dieselbe, nur womöglich noch entschlossener.

11. WAFFENLIEFERUNGEN

Nach all dem Leid, den Konflikten der Kurden mit ihren Nachbarn und auch mit sich selbst fragt man sich, ob Waffenlieferungen in ein solches Krisengebiet sinnvoll sind. Heizen diese die potenziellen Konfliktherde nicht nur weiter an? Immerhin ist die Menschenrechtssituation der gesamten Region alles andere als erfreulich. Der Iran bedroht die irakischen Kurden fortwährend, die ihrerseits einen guten Kontakt zu ihren Brüdern in Rojhilat pflegen. Überdies steht der Konflikt zwischen der Autonomen Region Kurdistan und der irakischen Zentralregierung in Bagdad eigentlich erst am Anfang. Kurzum, es besteht ein hohes Risiko, dass bewaffnete Auseinandersetzungen ausbrechen und sich durch westliche Waffen entsprechend verschärfen könnten. Sind daher Waffenlieferungen an die Kurden vertretbar?

2014 stellte man sich ähnliche Fragen, als die IS-Terrormiliz ihren Angriff auf den Irak und die kurdischen Siedlungsgebiete begonnen hatte. Die Bundesregierung lehnte es noch Anfang 2014 strikt ab, die Kurden im Kampf gegen den IS mit Waffen zu unterstützen. Erst die grauenhaften Bilder aus Shingal vom Völkermord an den Jesiden, die von der ganzen Welt gesehen werden konnten, führten zu einem Umdenken. Verteidigungsministerin Ursula von der Leyen ergriff maßgeblich Partei für die Kurden und stellte sich dabei sogar offen gegen die Bundeskanzlerin. Ein mutiger Schritt, der für eine Politikerin bekanntlich schnell mit »EDEKA« (Ende der Karriere) enden kann.

Von der Leyen gelang es jedoch, die Bundesregierung – und selbst Angela Merkel – umzustimmen. Ab dem 1. September 2014 waren Waffenlieferungen an die Kurden im Nordirak beschlossene Sache. Am 4. September hob die erste Bundeswehrmaschine mit dringend benötigtem Material in Richtung Erbil ab. Gefechtshelme, Schutzwesten, Funkgeräte, Zielfernrohre, G3- und G36-Sturmgewehre, Pistolen und Panzerfäuste – daraus bestand hauptsächlich die Hilfe.

Aber eine Waffe war es, die ausschlaggebend war für einen effektiven Kampf der Kurden gegen den IS: das Panzerabwehrlenkwaffensystem *MILAN*. Eine unglaubliche Waffe, die es dem Soldaten erlaubte, auch noch nach dem Abschuss die Boden-Boden-Rakete ins Ziel zu steuern. Damals griff der IS immer wieder mit Fahrzeugen aller Art an, die zu gepanzerten Festungen umgebaut waren. Der Selbstmordattentäter als Fahrer hatte kaum Platz am Steuer, denn bis oben hin war alles mit Sprengstoff gefüllt. Zu diesem Zweck hatten die Dschihadisten sämtliche Sitze und die gesamte Inneneinrichtung herausgerissen. Diesen fahrenden Bomben war mit Maschinengewehren und auch Panzerfäusten selten beizukommen, schon gar nicht mit den Panzerfäusten der kurdischen Peshmerga, die oft aus alten russischen Beständen kamen. Die Soldaten waren den Selbstmordmissionen des IS an der Front anfangs schutzlos ausgeliefert. Immer wieder durchbrachen die präparierten Wagen die Linien. Erst mit der MILAN konnte diese perverse Taktik des IS gestoppt werden. Von einem Hausdach aus hatte der Schütze einen Frontabschnitt im Blick und konnte so aus sicherer Entfernung jeden IS-Bombenwagen noch auf dem Weg in die Luft jagen. Die Kurden hatten wieder die Oberhand und konnten Gebiete befreien.

Der Vorstoß Deutschlands motivierte auch andere Länder wie Großbritannien, Italien und Frankreich, Waffen und Ausrüstung in Richtung Erbil zu entsenden. Alle Länder beschränkten sich aber auf die Entsendung von Defensivwaffen, also Waffen, die nicht für die längere Verwendung beispielsweise gegen Bagdad, verwendet werden konnten. Modere Panzer, gar Luftabwehr, wurden nicht an die Kurden geliefert. Stattdessen schickte die Bundesregierung Patrouillenfahrzeuge des Typs *Dingo 1*, welche bei der Bundeswehr für die baldige Verschrottung vorgesehen waren. Für die Kurden waren sie Gold wert, konnten sie so doch ihre Soldaten gesichert an die Front verlagern, statt auf die üblichen, fast ungeschützten Geländewagen zurückgreifen zu müssen. »Das ist wie in einer Disco, wenn der IS auf einen schießt«, sagte ein Peshmerga-Kommandeur an der Front lachend und fügte an: »Selbst Minen hält der *Dingo* aus, wobei man dann aber richtig durchgeschüttelt wird.«

Im Bundestag fand das Vorgehen der Bundesregierung breite Zustimmung, waren doch auch unsere Sicherheitsinteressen durch die Nähe zum hochgerüsteten NATO-Land Türkei direkt betroffen. Einzig die Fraktion DIE LINKE stellte sich gegen die Waffenlieferungen, was jedoch in der Partei aufgrund ihrer generell pro-kurdischen Haltung nicht unumstritten war.

Anfang 2016 überraschte der Norddeutsche Rundfunk (in der *Tagesschau*) mit der Behauptung, die Kurden würden die gelieferten Waffen auf ihrem »geheimen Waffenmarkt« verkaufen. Eine Geschichte, die, so sollte sich später herausstellen, an den Haaren herbeigezogen war. Der *Welt*-Journalist und Kurdistan-Experte Alfred Hackensberger enttarnte wenige Tage nach der NDR-Veröffentlichung die Meldung – mittlerweile war sie von fast jeder Zeitung abgedruckt worden – als in weiten Teilen falsch:

> *»Leider scheint es so, als sei eher oberflächlich recherchiert worden, einzelne Fakten wurden ausgelassen. Denn in Wahrheit besteht in der Autonomen Region Kurdistan eine relativ geringe Gefahr, dass deutsche Waffen in falsche Hände geraten. Und die große Not der Peshmerga? Der Erlös aus dem Verkauf eines G3-Gewehres finanziert gerade mal den Lebensunterhalt für einen Monat. Dafür steht der Soldat dann ohne Waffe an der Front? Und könnte er damit die Flucht nach Europa finanzieren, wie der TV-Beitrag nahelegt? Wohl kaum, die Reise kostet ein Vielfaches von dem, was ein Gewehr oder eine Pistole einbringt.«*

Es war erschreckend, wie amateurhaft und verantwortungslos der NDR hier eine Story zusammengestrickt hatte, wohl wissend, dass solche Behauptungen eine politische Reaktion zur Folge haben könnten, die Hunderttausende Menschen in der Region das Leben kosten könnte. Eine Einstellung der Waffenhilfe wäre für den IS ein Sieg auf ganzer Linie gewesen.

Beachtenswert an der NDR-Story ist, dass sie in das gleiche Horn stößt wie der umstrittene Buchautor und Ex-CDU-Abgeordnete Jürgen Todenhöfer. Dieser behauptete gar, dass die Kurden Waffen an den IS verkaufen würden. Als Quelle kam bei ihm ein Vertreter der Terrorgruppe IS zu Wort. Dass es sich hierbei um IS-Propaganda handeln könnte, kam Todenhöfer anscheinend nicht in den Sinn. Die Story der »IS-unterstützenden Kurden« war zu verlockend, um die naheliegende Erklärung einer billigen IS-Propaganda zu ignorieren. Glücklicherweise ist Todenhöfers Buch *Inside IS* insgesamt viel zu umstritten, als dass man es als seriöse Quelle heranziehen könnte. Es sei erwähnt, dass Jürgen Todenhöfer seinem Reisebegleiter Matthias Richter gerichtlich verbieten ließ, seine Version vom gemeinsamen Besuch beim IS zu verbreiten. Wie immer haben Vater und Sohn Todenhöfer die alleinige Wahrheit gepachtet und gehen aggressiv gegen abweichende Darstellungen vor.

Ich persönlich spreche Jürgen Todenhöfer jedenfalls grundsätzlich die notwendige Fachkompetenz ab, sich ein objektives Urteil bilden zu können, und ich glaube, dass viele Nahost-Experten dies ebenso sehen. Völlig diskreditiert hat sich Todenhöfer, als er ein Interview mit einem angeblichen Vertreter der al-Qaida nahestehenden Nusrafront veröffentlichte. Wie sich herausstellte, handelte es sich bei diesem in Wirklichkeit um einen vom syrischen Regime abgestellten Gesprächspartner, wie *Die Welt* und *Der Spiegel* berichteten. Wahrlich eine illustre Gesellschaft, in die sich der NDR mit seiner Story begeben hat. Seriös geht anders.

Ich selbst habe es mir jedoch nicht nehmen lassen, bei der kurdischen Regionalregierung sofort nachzufragen, ob sie mir schriftlich nachweisen könne, wo die einzelnen Waffen verblieben seien. Überraschend schnell erhielt ich transparenten Einblick in die Dokumente über den Verbleib der deutschen Waffenlieferungen. So gut wie jede einzelne Waffe war genau dokumentiert, ihr jeweiliger neuer Träger registriert. Ich war erleichtert, aber auch nicht wirklich überrascht. Denn die Kurden konnten es sich gar nicht erlauben, einen negativen Ruf bei ihren westlichen Partnern zu riskieren, und so hatten sie peinlich genau drauf geachtet, dass keine Waffe verschwindet. Natürlich – man ist schließlich im Krieg - kommen gelegentlich auch

Waffen abhanden, sodass man ihren Verbleib nicht mehr nachrecherchieren kann. Doch im Fall der Kurden war es bemerkenswert, dass die Anzahl der verschwundenen Waffen im einstelligen Bereich geblieben ist. Selbst bei der Bundeswehr verschwinden in Friedenszeiten mehr Waffen, als es in der Autonomen Region Kurdistan während der Kriegshandlungen der Fall war.

TEIL IV

UNABHÄNGIGKEIT UND FREIHEIT

12. KURDISCHE UNABHÄNGIGKEIT – EIN UNERFÜLLTER TRAUM

Die Frage der kurdischen Unabhängigkeit ist im 21. Jahrhundert aktueller denn je. Nachdem die Kurden immerzu als Minderheit für ihre kulturelle Selbstbehauptung zu kämpfen hatten und schließlich zumindest regional gewisse Formen politischer Autonomie erringen konnten, stellt die nationalstaatliche Unabhängigkeit den ersehnten Endzustand ihres Freiheitskampfes dar. Inwieweit allerdings jemals eine politische Einheit aller Kurden in einem einzelnen Staat realisierbar sein wird, ist äußerst fraglich. Dass das weltweit größte Volk ohne eigenen Staat quasi über Nacht ein eigenes Staatsgebiet erlangt, ist illusorisch.

Ihre Zersiedelung und Aufteilung auf Territorien fremder Herrscher ist ein seit der Antike bestehender Dauerzustand, der sich erst seit Gründung der Nationalstaaten zu einem kurdischen Trauma auswuchs. Die Wunden heilen nicht von einem Moment auf den nächsten, es ist ein Prozess über Generationen. Zumal die Kurden, bei allen kulturellen Gemeinsamkeiten, ihre historisch gewachsenen Unterschiede auch nicht leugnen können, die sich in verschiedenen Sprachen, Religionen und Gebräuchen zeigen. Bei allen gegenwärtigen Staatsgründungsbestrebungen wird es daher immer nur um bestimmte Teile der kurdischen Siedlungsgebiete gehen, und auch hier wiederum nur um Fragmente des kurdischen Gesamtvolks in den jeweiligen Regionen. Dennoch sind sich führende kurdische Politiker, Intellektuelle und Historiker darüber einig, dass dieser dezentrale Weg regionaler kurdischer Staaten, die sukzessive ihre eigene Unabhängigkeit erlangen, der einzig mögliche auf dem Weg aus der jahrhundertelangen Staatenlosigkeit dieses großen Volkes sein kann.

Ob ein »Großkurdistan« aller Kurden, wenn es je existieren sollte, als Staat und Gesellschaft funktioniert, ist auch fraglich, weil das einende Element der Kurden bisher zumeist ein gemeinsamer äußerer Feind war – fällt dieser weg, brechen die innerkurdischen Konflikte auf. Das ganze Dilemma der kurdischen Staatsvision hat PKK-Führer Abdullah Öcalan als einer der Ersten begriffen. Nach über 20 Jahren Kampf gegen die Türkei hat er die Idee der Einstaatenlösung gestrichen und dafür regionale Autonomie mit basisdemokratischen Strukturen in den jeweiligen Ländern als Zielgedanken entworfen (siehe Kapitel 5). Es ist das einzige theoretisch fundierte Konzept, das der multiethnischen Region nach all den Konflikten eine Zukunft geben könnte.

Zur Öcalan-Vision passt die Analyse des Frankfurter Gesellschaftswissenschaftlers Egbert Jahn. Er hatte in einem viel beachteten Vortrag 2016 die Frage aufgeworfen, ob die gegenwärtige Entwicklung am Ende »zwei, drei oder vier Kurdistans« hervorbringe, zumal die jeweiligen Staatsprojekte unterschiedliche Gesellschaftssysteme und politische Strukturen aufweisen. Auch Jahn sieht Diversität und unterschiedliche Formen von Autonomie als Chance einer friedlichen Konfliktregulierung, ohne die kein Unabhängigkeitsprozess möglich ist. Denn ohne Einverständnis der betroffenen Staaten kann es keine nachhaltige Lösung für die Kurden geben.

In Nordsyrien (Föderation Nordsyrien) und im Nordirak (Autonome Region Kurdistan) sind autonome Strukturen derzeit am umfassendsten ausgebaut. In der Türkei und im Iran sehnen sich die Kurden ebenso nach Selbstverwaltung oder Eigenstaatlichkeit, doch in beiden Ländern gibt es bislang nichts, was sich auch nur annähernd mit der Situation der syrischen und irakischen Kurden vergleichen ließe.

Die Ankündigung des Referendums 2017

Als ich im Frühjahr 2017 wieder einmal in der Autonomen Region Kurdistan zu Besuch war, warf ein epochales Ereignis seine Schatten voraus: Präsident Masud Barzani kündigte das lange ersehnte Unabhängigkeitsreferendum an – ein historischer Schritt für die Kurden, die erstmals in ihrer jahrhundertelangen Geschichte über einen eigenen Staat abstimmen konnten. Durch das verhängnisvolle Sykes-Picot-Abkommen von 1916 und internationale Folgeverträge auf vier Staaten aufgeteilt (siehe Kapitel 2), waren alle Versuche einer Staatsgründung seither gescheitert. Nach dem kurzlebigen »Königreich Kurdistan« 1922–1924, der »Republik Ararat« 1927–1931 und der »Republik Kurdistan« 1946 (siehe Kapitel 1) stellt die Autonome Region Kurdistan den derzeit realistischsten Ansatz dar, die lange ersehnte politische Unabhängigkeit verwirklichen zu können. Entsprechend groß war die Euphorie unter den dortigen Kurden. Die sonstigen ethnischen und religiösen Minderheiten im Abstimmungsgebiet sahen das Referendum hingegen wesentlich differenzierter und waren sich schon sehr früh der negativen Konsequenzen bewusst.

Im Norden des Irak leben zwar nur fünf Millionen der weltweit fast 50 Millionen Kurden, doch die Region ist die selbstständigste des historischen Kurdistans. Başûr, die Autonome Region Kurdistan, hatte sich durch den Kampf gegen den IS weltweit einen Namen gemacht, als ihre Peshmerga – auch im Namen und mit den Waffen des Westens – gegen die Terrormiliz gekämpft hatten. So war es kein Zufall, dass es auch der Oberkommandierende der Peshmerga war, der den Plan des Referendums entschieden vorantrieb. National ist der liebevoll *Serok Barzani* genannte »Anführer Barzani« eine Schlüsselfigur, auch wenn dies international kaum Bedeutung hat. Zwar wurden der »Anführer« und andere Politiker der Autonomen Region Kurdistan vor dem Referendum im Ausland wie Vertreter eines souveränen Staates empfangen, und protokollarisch war ihre De-jure-Zugehörigkeit zum Irak schon länger in den Hintergrund getreten. Und faktisch hat das kurdische Gebiet des Irak wenig mit den arabischen Landesteilen gemeinsam. Hier herrscht eine andere Kultur, mit anderen Gewohnheiten und Eigenarten, was Alltagsleben, Tradition und Religion betrifft, die eine enge Partnerschaft mit dem Westen geradezu nahelegen würde.

Dennoch wurde die Autonome Region Kurdistan im Falle des Referendums vom überwiegenden Teil der Weltgemeinschaft plötzlich nicht mehr wie ein eigener Staat betrachtet – sondern eben nur als Teil des Irak. In Erbil hatte man geglaubt, das Selbstbestimmungsrecht der Völker stünde selbstverständlich auch den Kurden zu. Doch die Euphorie war verfrüht. Rein staatsrechtlich ist ein einseitig erklärtes Referendum, dessen Resultat vom hoheitlichen Mutterstaat nicht anerkannt wird, auch für das Ausland nicht bindend. Deshalb kann es auch im Streit zwischen Katalonien und Spanien nur einen Sieger geben, und das ist die spanische Regierung in Madrid.

Im kurdischen Nordirak hatte es schon einmal zwölf Jahre zuvor ein Unabhängigkeitsreferendum gegeben, kurz nachdem Kurdistan den Status einer autonom-föderalen Region des Irak erhalten hatte. Dieses war auf Initiative der Autonomieregierung damals zeitgleich mit den Wahlen zum kurdischen Parlament und den irakischen Parlamentswahlen abgehalten worden. Fast 99 Prozent der Abstimmenden hatten im Januar 2005 für die Unabhängigkeit votiert. Allerdings war das damalige Referendum, wie das von 2017, aus denselben Gründen völkerrechtlich »nicht bindend« gewesen. Weil die Kurden in der Autonomen Region Kurdistan seither jedoch militärisch, politisch und gesellschaftlich eine völlig andere, weitgehend autarke Entwicklung durchlaufen hatten als der Irak, vertrauten sie 2017 darauf, dass die Chancen einer internationalen Anerkennung diesmal besser stünden.

Barzanis Beweggründe

Ein Referendum hatte Barzani bereits 2014 ins Auge gefasst, es dann jedoch abgesagt und auf unbestimmte Zeit verschoben. Denn der IS hatte seinen Eroberungsfeldzug begonnen und bedrohte Kurdistan. Drei Jahre später war die Lage jedoch eine ganz andere. Die Islamisten waren besiegt, und die Peshmerga hatten die Kontrolle über ganze Landstriche übernommen, die 2014 noch der irakischen Armee unterstanden hatten. Der Zeitpunkt schien somit günstig. Aus einer Position der Stärke heraus konnte man auf das Referendum pochen. Am 25. September 2017 sollte der historische Schritt vollzogen werden. Doch es scheint Barzani dabei nicht nur um einen Platz in den kurdischen Geschichtsbüchern gegangen zu sein, sondern der Präsident hatte auch gerade eine innenpolitische Krise zu überwinden, bei der ihm ein Referendum gelegen kam.

Barzani hatte seine eigentlich auf zwei Amtszeiten begrenzte Präsidentschaft durch eine umstrittene Sonderregelung verlängert und war daher streng genommen seit 2015 ohne verfassungsmäßige Grundlage im Amt. Insofern liegt die Vermutung nahe, dass es sich bei dem relativ überraschend anberaumten Referendum um ein Ablenkungsmanöver handelte. Kritiker warfen ihm vor, in Wahrheit gehe es ihm nur um die Konsolidierung seiner bröckelnden Macht und um die Vertuschung der Korruption seines Clans. Hier liegen auch die Gründe für vereinzelte Boykottaufrufe von Barzanis Gegnern gegen das Referendum.

Was auch immer die wahren Motive Barzanis gewesen sein mögen – der Ruf nach Unabhängigkeit war sicherlich legitim, und er ist es auch heute noch. Allein stellt sich die Frage, ob seine Vorgehensweise die richtige war. Ich hielt es damals für einen schwerwiegenden kommunikativen Fehler, die Abstimmung als »Referendum« anzukündigen. Denn was Barzani da für den 25. September 2017 angesetzt hatte, war kein bindendes Referendum, sondern letztlich nur eine Meinungsumfrage – wenngleich sie nach den Regeln westlicher Wahlen durchgeführt wurde.

Im Frühjahr 2017, ein halbes Jahr vor dem Referendum, traf ich mich mit Falah Mustafa Bakir, Außenminister der Autonomen Region Kurdistan, in Erbil zu einem Gespräch. Ich trug ihm meine Zweifel vor und fragte ihn ganz offen, welche Länder im Falle einer Unabhängigkeit ihre Handelsbeziehungen mit der Autonomen Region Kurdistan noch aufrechterhalten würden. Denn mir war bewusst, dass nicht nur die Zentralregierung in Bagdad gegen das Referendum war, sondern auch die Nachbarländer Iran und die Türkei. Wohin sollte dann das kurdische Erdöl exportiert werden?

Minister Bakir konnte meine Bedenken nachvollziehen, merkte jedoch beschwichtigend an, das angesetzte Referendum sei nur ein erster Schritt. Die Unabhängigkeit sei keine Frage von Wochen, sondern eher von Jahren. Vor dem Hintergrund der guten Beziehungen zur Türkei und der von Erbil angestrebten Entspannungspolitik mit Bagdad zeichnete der Minister ein sehr optimistisches Bild der Situation. Bakir betonte, das Ziel der Unabhängigkeit sei auch kein »Kurdenstaat«, sondern eine »Republik Kurdistan«, die auch anderen Ethnien und religiösen Minderheiten eine sichere Heimat biete. Diese Republik solle Hoffnung für die Menschen bringen – gerade nach den pausenlosen Kriegen der letzten Jahrzehnte und der erst kürzlich überwundenen Barbarei des IS.

Tatsächlich hoffen vor allem die christliche und die jesidische Minderheit auf eine baldige staatliche Unabhängigkeit Kurdistans und eine friedliche Loslösung vom Irak. Innerhalb eines Kurdenstaats fühlen sich diese Minderheiten allemal sicherer als im zerfallenden Staatsgebilde des Irak. Wie Otmar Oehring in einer Publikation der Konrad-Adenauer-Stiftung belegte, würden Christen und Jesiden ihre Heimat sogar verlassen und aus dem Irak emigrieren, wenn sie nicht Teil eines freien Kurdistans werden sollten. Dasselbe gilt für die sogenannten Stämme der Schabak in der Ninive-Ebene.

Vom Westen alleingelassen

In den Monaten vor dem Referendum setzte die Regierung der Autonomen Region Kurdistan alles daran, international für ihren friedlichen, demokratischen Musterstaat im Mittleren Osten zu werben. Präsident Barzani stellte dabei ausdrücklich klar, dass ein positiver Ausgang des Referendums keinesfalls zum sofortigen Austritt Kurdistans aus dem irakischen Staatsverband führen würde. Zuerst müsse es bilaterale Verhandlungen mit Bagdad über eine sukzessive Vorbereitung der Unabhängigkeit geben. Da die Kurden somit äußerst diplomatisch und mit Bedacht vorgingen, hätte ich persönlich erwartet, dass zumindest die westlichen Staaten – allen voran die USA – Barzani unterstützen würden, dass sie Signale senden würden, eine Loslösung vom Irak zu fördern. Umso überraschter war ich, als ausgerechnet die USA unverhohlen auf Distanz gingen. Das war eine verheerende Reaktion. Prompt stellte sich auch die Türkei, die bis dahin abwartend agiert hatte, explizit gegen das Referendum.

Dieselbe Kehrtwende vollzog Russland: Noch im Juli 2017 hatte Ministerpräsident Lawrow erklärt, sein Land stünde dem kurdischen Unabhängigkeitsstreben »wohlwollend« gegenüber. Aber kurz vor dem Abstimmungstermin beschwor er dann die »unbedingte territoriale Integrität des Irak« und lehnte das Referendum strikt ab. Auch viele andere westliche Staaten, allen voran Deutschland, verweigerten – in eklatantem Widerspruch zu ihrem eigenen Wertekanon und den leidvollen Erfahrungen ihrer Geschichte – die Unterstützung der kurdischen Sache. Mancher europäische Politiker verbreitete gar allerlei Unsinn mit unhaltbaren Schreckensszenarien, die ein erfolgreicher Ausgang des Referendums nach sich ziehen würde.

Als besonderes Verhängnis erwies es sich, dass der zu diesem Zeitpunkt noch amtierende deutsche Außenminister Sigmar Gabriel eine pro-iranische und türkeinahe Politik verfolgte. Bei etlichen Verlautbarungen Gabriels und Veröffentlichungen des Auswärtigen Amtes gewann man den Eindruck, die Texte seien direkt aus Teheran diktiert oder zumindest vorformuliert worden. Selten wurde in Berlin außenpolitisch so viel Unfug verbreitet wie in der Zeit unmittelbar vor dem Referendum. Mit Entschiedenheit wandten sich kurdische Repräsentanten in Deutschland gegen die als respektlos empfundenen Äußerungen Gabriels und protestierten gegen die Anmaßung des deutschen Chefdiplomaten, den Kurden das Recht auf Selbstbestimmung vorzuenthalten.

Der aufopferungsvolle Kampf der Kurden gegen islamistischen Terror, die Zerstörung ihrer Heimat durch den IS, die enormen kurdischen Leistungen bei der Flüchtlingskrise – all das war auf einmal vergessen. Man konnte die Reaktion des Westens auf das anstehende Referendum in einem Wort zusammenfassen: Undank. Als einziger europäischer Politiker äußerte sich zumindest Frankreichs neuer Präsident Emmanuel Macron wohlwollend über die Kurden und den »demokratischen Prozess«. Er hoffte, das Referendum könnte wenigstens zu einer besseren Vertretung der Kurden im irakischen Zentralparlament führen. Der einzige, offen bekennende Unterstützer des Referendums war die Regierung Israels, die den Kurden »legitime Bemühungen für einen eigenen Staat« konzedierte.

Durchführung, Ausgang und Folgen des Referendums

Ich war der einzige offizielle deutsche Wahlbeobachter beim Unabhängigkeitsreferendum, neben weiteren internationalen Wahlbeobachtern aus Großbritannien, Österreich, Polen und sogar Japan. Es war eine unglaubliche Aufbruchsstimmung zu spüren. In den Wochen vor dem Referendum und während der Abstimmung habe ich mit unzähligen Kurden gesprochen, die allesamt hellauf begeistert waren und die Unabhängigkeit wollten.

Als Beobachter für den Bereich Erbil kann ich uneingeschränkt attestieren, dass die Abstimmung – ob man sie nun als Meinungsumfrage mit Wahlcharakter oder als Referendum betrachten will – frei und absolut nach westlichen Standards erfolgte. Ich habe gut 1000 Wahlurnen eigenhändig inspiziert, habe Wahlkabinen und Stimmzettel kontrolliert, die Nummerierung der Urnen überprüft, Siegel fotografiert, habe die Stimmabgabe beobachtet und die Auszählungen mitverfolgt. Nirgendwo gab es Unregelmäßigkeiten, und nirgendwo wurde ich behindert oder ausgeschlossen. Ich war auch nicht mit den offiziellen Fahrzeugen der Wahlkommission unterwegs oder als Beobachter erkennbar, sondern ich bin inkognito mit dem Taxi oder mit einem befreundeten Fahrer von Wahllokal zu Wahllokal gefahren. Ich erschien stets unangekündigt, zückte meinen Ausweis und wurde überall vorgelassen. Niemand konnte sich auf meinen Besuch vorbereiten. Von daher habe ich keinen Zweifel, dass das Referendum formal einwandfrei war. Auch andere Wahlbeobachter in Duhok, in Sulejmani und in Kirkuk bestätigten mir, dass es dort ebenfalls korrekt zuging.

Das Ergebnis des Referendums fiel schließlich erwartungsgemäß aus: 92 Prozent Zustimmung bei rund 72 Prozent Wahlbeteiligung. Es wurde deutlich, dass praktisch die gesamte Bevölkerung der Autonomen Region Kurdistan das Ziel der Unabhängigkeit bejahte. Doch die Euphorie über das Resultat wurde alsbald durch die Reaktionen des Auslands getrübt. Zuerst wurde in der Türkei schweres Geschütz aufgefahren: Ein »ethnischer Krieg« sei nun im Bereich des Möglichen, sagte Erdoğan. Die Grenzen würden für LKW und Öltransporte geschlossen, es lägen »alle militärischen Optionen auf dem Tisch«. Der irakische Ministerpräsident Haider al-Abadi monierte die Verfassungswidrigkeit der Abstimmung und verwies auf eine entsprechende Entscheidung des Obersten Gerichtshofs in Bagdad. Das irakische

Parlament forderte vom Präsidenten gar die Entsendung von Truppen. Iran bezeichnete das Referendum als »völlig inakzeptabel«.

In dieser Situation, bei so viel verbalem Säbelrasseln, hätte es am Westen gelegen, den Kurden durch vermittelnde Gesten ein wenig Luft zu verschaffen. Doch das Gegenteil war der Fall: Die USA zeigten sich »tief enttäuscht« über das Referendum, die Bundesrepublik kritisierte seine Durchführung in scharfen Worten unter anderem als Rückschritt für die Friedensbemühungen in der Region und erklärte die »Nichtverbindlichkeit« des Ergebnisses. UN-Generalsekretär António Guterres warf den Kurden gar vor, sie hätten die gesamte Region »destabilisiert« – als sei der bisherige Zustand in irgendeiner Form »stabil« gewesen oder von den Kurden je als Dauerlösung akzeptiert worden. Deutschland revidierte seine Ablehnung des Referendums auch nach Bekanntgabe des überwältigenden amtliches Endergebnisses nicht. Zuvor hatte sich der Vorsitzende der Kurdischen Gemeinde Deutschland, Ali Ertan Toprak, mit einem flamboyanten Offenen Brief an die Bundeskanzlerin gewandt und sie angefleht, die Kurden im Nordirak im Falle einer militärischen Aggression als Antwort auf das Referendum nicht im Stich zu lassen. Er stieß auf taube Ohren.

Zwar erwies sich die Angst vor einer weiteren Eskalation als unbegründet. Die Befürchtungen westlicher Politiker und mancher Experten, das Referendum würde einen Bürgerkrieg auslösen, bestätigten sich zunächst nicht. Doch tatsächlich griffen keine drei Wochen nach dem Referendum die vom Iran gelenkten schiitischen Al-Haschd asch-Scha'bī -Milizen (PMU) gemeinsam mit regulären irakischen Armeeeinheiten die kurdische Erdölhochburg Kirkuk an. Diese wurde nach kurzer Zeit eingenommen, nachdem die PUK einen Deal mit den iranischen Milizen geschlossen hatte. Kirkuk stand unter der Kontrolle des kurdischen Talabani-Clans, der traditionell enge Kontakte zum Iran unterhält. Dessen Vertreter hatten nichts Besseres zu tun, als die Stadt den PMU zu übergeben. In der Folge brachen die alten innerkurdischen Konflikte wieder auf.

Manche Kenner und kritische Beobachter Kurdistans kritisierten das Referendum als epochalen Fehler. James M. Dorsey schrieb in »Europa Ethnica« (2018): »Mit einem unklugen Referendum über die Unabhängigkeit im September … haben die Kurden in kürzester Zeit all das zerstört, was sie in fast drei Jahren Autonomie aufgebaut haben.« Dorsey, der auch Experte für die Geschichte der Palästinenser und ihre Staatsgründungspläne ist, hatte zuvor die Kurden stets für ihr Gespür für geopolitische Zusammenhänge und die diplomatische Kunst des Erreichbaren gelobt, was den Palästinensern aus seiner Sicht fundamental abgehe. Die Ignoranz gegenüber den westlichen Vorbehalten, insbesondere die Zwickmühlensituation, in die Barzani die USA mit seiner Politik vollendeter Tatsachen gebracht habe, hätten die Kurden letztlich isoliert und ihr Anliegen auf Jahre hinaus sabotiert.

Ich persönlich würde, bei aller Kritik an der politischen Ungeduld der Regierung in der Autonomen Region Kurdistan, nicht so weit gehen, das Referendum insgesamt als Fehler zu bezeichnen. Es war ein wichtiger Schritt, der sicherlich falsch deklariert wurde und auch keinen unmittelbaren praktischen Nutzen brachte. Aber er schuf eine gemeinsame Willensbasis, die für die Kurden identitätsstiftend wirkt. Es war für sie ein historischer Moment, der sie auf eine unabhängige Zukunft vertrauen lässt. Die Abstimmung tröstete über allen innerkurdischen Zwist, über die teilweise noch vorhandene gesellschaftliche Inhomogenität der Autonomen Region Kurdistan zwischen Modernisierern und Traditionalisten hinweg und schuf ein Gemeinschafts- und Zusammengehörigkeitsgefühl, auf dem sich irgendwann sehr wohl ein unabhängiges Kurdistan aufbauen lässt.

Bis es so weit ist, konzentrieren sich die Kurden der Autonomen Region Kurdistan unter offenen, ungeklärten regionalen Rahmenbedingungen weiterhin auf ihre Selbstverwaltung und bauen ihren Staat auf, selbst wenn dieser völkerrechtlich einstweilen weiterhin zum Irak gehört.

Ich wünsche mir für die Kurden, dass ihnen früher oder später die erhoffte Unabhängigkeit gewährt wird. Die Welt muss verstehen, dass ein unabhängiges Kurdistan mittel- bis langfristig als Stabilitätsanker für die gesamte Region wirken kann. Die Unterstützung eines unabhängigen Kurdistans ist somit ein Friedensprojekt; die Kurden zu verraten, ist ein Kriegsprojekt. Davon bin ich heute mehr denn je überzeugt.

Ein weiteres Unabhängigkeitsprojekt: Das kurdische Staatswesen in der Föderation Nordsyrien

Die Autonome Region Kurdistan ist territorial und von der Bevölkerung her das gegenwärtig wichtigste Unterfangen der Kurden, ihre staatliche Eigenständigkeit zu erreichen. Doch es gibt auch andernorts Unabhängigkeitsbestrebungen. Sehr weit sind entsprechende Bemühungen auch in Teilen des nordsyrischen Rojava (kurdisch »Westen«) gediehen, in dem die Kurden gemeinsam mit anderen Ethnien einen autonomen Modellstaat gegründet haben.

Dieser ist in vielerlei Hinsicht noch weitaus fortschrittlicher aufgestellt als die Autonome Region Kurdistan, erst recht als alle anderen vergleichbaren Staatsgebilde des Mittleren Ostens. Zwar ist die Entwicklung dieses Unabhängigkeitsprojekts nicht vom syrischen Bürgerkrieg und dem vorangegangenen Zerfall staatlicher Strukturen in Syrien zu trennen. Doch entstanden ist dort innerhalb weniger Jahre ein basisdemokratisches, föderales Regierungsmodell, das offiziell auf dem von Abdullah Öcalan entwickelten Konzept des Demokratischen Konföderalismus basiert. Die Föderation Nordsyrien steht unter dem Schutz der Syrischen Demokratischen Kräfte (SDF), einer multiethnischen Militärunion. In ihr dominieren zwar die kurdischen Einheiten der YPG, aber mittlerweile nehmen, neben Assyrern und Turkmenen, besonders die Araber eine immer dominantere Rolle ein.

In Nordsyrien sind alle Kulturen und ihre Sprachen anerkannt und ihre Rolle in der Verfassung niedergeschrieben; etwas Vergleichbares gab es im syrischen Staat bisher nie. Frauen und Männer sind gleichberechtigt. Elemente der Selbstverwaltung, kommunale und subsidiäre Basisorganisation bilden das politische Leitmotiv der Föderation Nordsyrien. Bildung, Gesundheits- und Sozialwesen für alle Bürger sind hier, trotz der ständigen Kriegswirren, weit vorangeschritten. Das System wurde inzwischen sogar von Städten und Regionen mit arabischer Bevölkerungsmehrheit übernommen. In Manbidsch, Rakka oder der Provinz Deiressor regieren nun lokale Räte, wo die Kurden nur eine untergeordnete Rolle spielen. Die Bewohner scheinen mit dem neuen demokratischen Regierungsmodell rundum zufrieden zu sein. Es gibt weitaus größere Rechtssicherheit und Freiheiten als unter dem Assad-Regime und unter allen übrigen Rebellenverwaltungen, die der Bürgerkrieg seit 2011 hervorbrachte. Es ist ein integratives Modell, das nicht nur für Kurden allein gemacht ist. Alte Kader der PKK müssen sich mit der neuen Demokratie zwar erst noch abfinden, denn sie hängen weiterhin der nationalistischen Vision von einem einzigen Kurdistan für alle Kurden an, doch dieses Ziel ist unrealistisch geworden.

Der Traum von einem »Großkurdistan« mochte noch in den 1970er- und 80er-Jahren als Motivation für den Befreiungskampf funktionieren, heute hat er ausgedient. Die Gegebenheiten sind völlig anders.

Ohne die Gleichberechtigung aller sonstigen ethnischen und religiösen Gruppen kann es auch für Kurden keine wirkliche Freiheit geben; in Rojava hat man dies begriffen.

Von den progressiven Kräften in Nordsyrien, Christen und Muslimen, wird das neue Modell deshalb auch als Blaupause für ein zukünftiges föderales Syrien gesehen. Grenzübergreifend betrachtet, würde es sich auch als Modell für den Nordirak mit seiner multikulturellen Gesellschaft eignen. Doch dort will man von »Gleichmacherei« in Namen der Demokratie eher nichts hören, sondern setzt auf althergebrachte Clan-Strukturen, die traditionelle Rolle der Frau und männliche Führungsrollen. Hier liegen also noch Welten zwischen den Unabhängigkeitsprojekten der Kurden in Nordsyrien und denen im Irak.

13. DIE ROLLE DES IRAN

Aufgrund der schon beschriebenen engen und dominanten ökonomischen und innerkurdischen Verbindungen ist die Türkei ein Schicksalsnachbar der Autonomen Region Kurdistan. Deswegen verbinden viele Beobachter das Schicksal der Kurden, ihre politische Zukunft und ihre aktuellen Probleme mit der Türkei. Gewiss ist diese ein wichtiger Faktor im sogenannten »Kurdenkonflikt« und hat eine Schlüsselrolle inne. Der größte äußere Feind Kurdistans ist die Türkei, zumindest gegenwärtig, jedoch keineswegs. Die kurz- bis mittelfristig größte Bedrohung für die Kurden stellt ein Land dar, das die Bevormundung und vor allem die Destabilisierung des gesamten Mittleren Ostens zum Staatsziel erhoben hat: der Iran. Dabei steht weniger die Unterdrückung der rund fünf Millionen Kurden im Iran selbst im Mittelpunkt (die Mehrheit der politischen Gefangenen im Iran sind Kurden), sondern die zunehmend aggressive und rücksichtslosere Außenpolitik der Mullahs, deren direkte und indirekte Folgen für die Autonome Region Kurdistan erheblich sind.

Zum einen bestimmt der wachsende Einfluss des Iran im Irak unmittelbar die Kurdenpolitik der irakischen Zentralregierung – was von existenzieller Bedeutung für die Autonome Region Kurdistan ist.

Denn das Regime in Teheran lehnt bislang jede kurdische Unabhängigkeit oder Staatsgründung strikt ab. Zum anderen gefährdet eine terroraffine, kriegstreiberische Politik des Iran die wirtschaftliche und gesellschaftliche Stabilität der gesamten Region, was sich zwangsläufig auch auf jeden unabhängigen kurdischen Staat nachteilig auswirkt.

Aus iranischer Sicht gilt das Augenmerk der iranischen Politik dem Schutz der schiitischen Glaubensbrüder im In- und Ausland und der Sicherung der eigenen Handlungsfähigkeit. Man fühlt sich als Opfer. Tief wirkt bis heute das Mossadegh-Trauma von 1953 nach, als angloamerikanische Geheimdienstaktivitäten die gewählte Regierung stürzten und den bereits entmachteten Schah wieder installierten. Lange vor der islamischen Revolution wurde hier der Keim eines bleibenden Misstrauens gegenüber dem Westen gesät, das bis heute die iranische Außen- und Sicherheitspolitik prägt.

Die konkreten Motive des Iran sind vielschichtig. Zum einen geht es darum, das seit den Unruhen in der arabischen Welt vor allem im syrischen Bürgerkrieg entstandene Machtvakuum zu füllen. Man will geopolitisch noch mehr an Bedeutung gewinnen. Angesichts der westlichen Sanktionen, des Atomstreits und der wachsenden Unzufriedenheit weiter Bevölkerungsteile versucht die iranische Führung nationale Stärke zu demonstrieren und sich als Großmacht zu inszenieren. Zum anderen versucht Teheran, den sunnitischen Einfluss in der muslimischen Hemisphäre zu reduzieren. Deshalb unterstützt der Iran in Syrien, dem Libanon und dem Jemen schiitische Milizen, Terrorgruppen und skrupellose Mörderbanden. Er rüstet sie aus und agitiert so an vielen Orten gegen die jeweiligen sunnitischen Machthaber.

Im Jemen wurde diese Politik auf die Spitze getrieben, wo der Iran die Revolte der schiitisch-zaiditischen Bewegung der Huthi gegen die sunnitisch-arabische Hadi-Regierung aktiv fördert. Das Resultat ist ein blutiger, grausamer Stellvertreterkrieg zwischen dem Iran und der jemenitischen Schutzmacht Saudi-Arabien, der bisher Zehntausende Tote und Hunderttausende Flüchtlinge gefordert hat.

Hauptzwecke der iranischen Außenpolitik sind, wie Lamar Berman in seinem Essay »Die iranische Unterwanderung Kurdistans« schreibt, die Behauptung einer Frontstellung gegen den Westen und der Export der »Islamischen Revolution«. So hat der Iran denn auch im Irak seinen Einfluss in Staat und Militär gefestigt und die Staatsführung zu einer Marionettenregierung gemacht. Keine nennenswerte Entscheidung in Bagdad kann mehr ohne den Segen der Ayatollahs getroffen werden. Die Bevölkerung des Irak betrachtet die zunehmende Abhängigkeit ihrer politischen Führer von dem östlichen Nachbarn mit wachsendem Zorn.

Unvergessen ist im Irak, dass der Iran während des ersten Golfkriegs ein rücksichtsloser Gegner war. Vor allem im Süden des Irak, wo damals die heftigsten Kämpfe tobten, wächst daher der Widerstand gegen die Iran-hörige Regierung von Haider al-Abadi. Die Menschen hatten nach dem Sturz Saddams auf einen freien und unabhängigen Irak gehofft, nicht auf einen iranischen Satellitenstaat. Nun aber fehlt den Menschen die banalste Grundversorgung, sie haben oft nicht einmal mehr Wasser und Strom, um ein normales Leben zu führen – und das ausgerechnet in der ölreichen Gegend von Basra. Der Unmut entlud sich zuletzt in mehreren Volksaufständen, in deren Verlauf die Demonstranten sogar das iranische Konsulat in Basra anzündeten.

Doch die Proteste zeigten bislang keine Wirkung. Der iranische Einfluss im Irak – und damit auch in der Autonomen Region Kurdistan – bleibt riesig. Hinzu kommt, dass auch die irakische Armee längst vom iranischen Geheimdienst und vom iranischen Militär unterwandert ist. Hauptstütze der Einflussnahme sind die Al-Haschd asch-Scha'bī-Miliz (PMU), ein Zusammenschluss von rund 40 schiitischen Milizen, die viele ihrer Befehle direkt aus Teheran bekommen. Die PMU gilt längst als »Staat im Staat« und kommt bei wichtigen militärischen Operationen zum Einsatz, wie etwa bei der Aktion gegen die Kurden in Kirkuk im Spätherbst 2017. Viele der PMU-Milizen hatten schon gegen US-Truppen im Irak gekämpft und sind jederzeit bereit, als »Märtyrer« zu sterben.

Es spricht eine Menge dafür, dass diese pro-iranische Einheit mittlerweile an die Stelle der Elitetruppe der *Iraqi Special Operations Forces* getreten ist, besser bekannt als *Golden Division*. Diese war 2003, nach dem dritten Golfkrieg, von den USA und Jordanien gegründet und ausgebildet worden. Sie galt als Rückgrat der irakischen Armee und führte den Feldzug gegen den IS an. Allein bei der Schlacht um Mossul soll etwa die Hälfte dieser Eliteinheit gefallen sein.

Die PMU ist nun als Spezialtruppe an ihre Stelle getreten. In ihrer Rolle als Besatzungsmacht in Kirkuk und Shingal ist sie eine Bedrohung für die Autonome Region Kurdistan und ihre Einwohner. Jederzeit könnte die PMU Erbil, die Hauptstadt Kurdistans, angreifen. In diesem Fall wäre es mit der Autonomie und dem Traum eines unabhängigen Kurdistans vorbei.

Doch nicht nur im Irak, auch weiter westlich, im Libanon und Syrien, verfolgt der Iran seit Langem eine aggressive Expansionspolitik. Es arbeitet langfristig daran, Israel angreifen und auslöschen zu können. Mit seiner fanatischen Anti-Israel-Haltung hat der Iran nie hinter dem Berg gehalten. Er will mit Gewalt den jüdischen Staat zerstören. Bislang ist die libanesische Hisbollah sein stärkster Partner, der in unmittelbarer Nachbarschaft Israels operiert. Ihre Kämpfer haben gemeinsam mit anderen radikal schiitischen Milizen aus Afghanistan, dem Irak und dem Jemen im syrischen Bürgerkrieg aufseiten des Assad-Regimes gekämpft.

Teheran unterstützt auch die palästinensische Hamas mit ihrem militärischen Flügel »Islamischer Dschihad« mit rund 100 Millionen Dollar pro Jahr. Erklärtes Ziel ist auch hier Israel – die einzige demokratische Republik der Region, der seit Beginn ihres Bestehens ihr Existenzrecht streitig gemacht wird.

Die Parallele zur Situation der Kurden im Nordirak ist offensichtlich: Israel und die Autonome Region Kurdistan treten beide für Grundwerte ein, für Minderheitenrechte und friedliche Koexistenz mit den Nachbarn. Beide Völker eint eine Wertegemeinschaft. Dass der Iran diese Grundausrichtung mit allen Mitteln bekämpft, überrascht nicht. Sein Ziel ist eine schiitische Achse, die von Teheran durch den Irak und Syrien bis in den Libanon und damit an die Grenze Israels führt. Und weil ein freies, westlich orientiertes Kurdistan, das auf der Seite Israels steht, einer solchen Direktverbindung im Wege steht, ist die Autonome Region Kurdistan ein Feind der iranischen Führung.

Wenn es um Unterwanderung geht, beweist der Iran sogar noch mehr Professionalität als die Türkei unter Erdoğan, der die Kurden als Ethnie ebenfalls unter allen Umständen vernichten will. Iranische Agenten unterwandern die Autonome Region Kurdistan. Teheran nutzt geschickt die Bindungen zwischen den Millionen Kurden im eigenen Land zu denen in der Autonomen Region Kurdistan. Man pflegt gemeinsame kulturelle Traditionen, wie das kurdische Neujahrsfest Newroz, bieten hierbei regelmäßige Gelegenheiten zur Infiltration und Einflusssicherung, wie Lamar Berman in seinem bereits erwähnten Essay beschreibt. Die engsten Verbindungen in die Autonome Region Kurdistan hat der Iran in der Region Sulejmani, vor allem innerhalb der dort vorherrschenden PUK-Partei des Talabani-Clans. Talabanis Kontakte in den Iran sind weit enger als die der Barzani, und zudem historisch gewachsen. Der Iran hat die PUK bei innerkurdischen Konflikten immer unterstützt. Die Grenznähe von Sulejmani zum Iran ist ebenfalls ein Faktor. Bis heute herrscht in der Autonomen Region Kurdistan die Auffassung, dass der Iran überall seine Augen und Ohren hat –von Sulejmani bis Erbil.

Wiederholt verübte der Iran Attentate auf Kurden, die sich offen für die Unabhängigkeit ihres Volkes aussprachen. Vieles deutet darauf hin, dass Teheran für mehrere Anschläge auf Mitglieder der Barzani-Familie verantwortlich ist. Es wird alles darangesetzt, jegliche Schritte der Autonomen Region Kurdistan in Richtung staatlicher Souveränität zu vereiteln. Und wenn Subversion und Terror nicht zum Ziel führen, wird gar offen militärisch zugeschlagen. Der Mitte September verübte Luftschlag iranischer Revolutionstruppen auf Büros »kurdischer Separatisten« (DPK-I) sowie auf ein Flüchtlingscamp mit iranischen Kurden in der Stadt Koya (Distrikt Erbil) war ein unmissverständlicher Warnschuss in Richtung Regierung der Autonomen Region Kurdistan. Die iranischen Revolutionsgarden (IRGC; für engl. *Islamic Revolutionary Guard Corps*) übernahmen die Verantwortung für den Angriff, bei dem mindestens elf Menschen umkamen und 50 verletzt wurden. Damit reklamiert der Iran seinen permanenten Einfluss in der Autonomen Region Kurdistan – und zwar nicht mehr nur in den von der PUK dominierten Gebieten, sondern im irakischen Kurdistan insgesamt.

Die Botschaft ist unmissverständlich: Eine kurdische Unabhängigkeit vom Irak, ein unabhängiger Kurdenstaat wird niemals geduldet.

Der Zorn der Kurden, gerade auch im Iran, über den völkerrechtswidrigen Luftschlag war riesig. Die iranischen Kurden riefen zum Generalstreik auf, woraufhin das Mullah-Regime mit der Hinrichtung kurdischer politischer Gefangener antwortete.

Die Bombardierung von Koya ist ein weiteres bedrückendes Beispiel, welches Unheil der Iran in der Region ständig anstiftet. Der Fall beweist aufs Neue, dass der Iran keinerlei Respekt hat vor seinen Nachbarn – vor dem Irak als unabhängigem Staat nicht, vor den Kurden schon gar nicht. Die Regierung in Teheran mischt sich hemmungslos überall ein, wo sie es für opportun hält. Der Iran erweist sich abermals als einziger wahrer Destabilisationsfaktor der gesamten Region.

Leider blieben internationale Reaktionen auch in diesem Fall gänzlich aus. Die Kurden hoffen weiterhin, dass es irgendwann zu einer Machtdemonstration der USA kommt, die den Iran grundsätzlich in die Schranken weist und seiner brandgefährlichen Politik einer Destabilisierung des gesamten Mittleren Ostens Einhalt gebietet. Immerhin wurde das Atom-Abkommen durch die USA gekündigt. Man muss Trump und seinen Beratern zugutehalten, dass ihre Iran-Politik die einzig richtige ist. Sie ordnen als einzige politische Führer des Westens den Umstand korrekt ein, dass der Iran die größte Gefahr für den gesamten Mittleren Osten darstellt.

Im Gegensatz dazu halten leider noch immer zu viele Länder zu den Mullahs und pflegen eine unverantwortliche »Partnerschaft« mit dem Iran, die über Leichen geht. Insbesondere die Iran-Politik der EU und Deutschlands kann man nur als stümperhaft und schädlich bezeichnen. In ihrer Wirkung ist sie antisemitisch und kriegstreiberisch, und sie verstößt außerdem gegen praktisch alle Werte, für die das aufgeklärte Europa steht.

Die Haltung Europas zum Iran ist allein von wirtschaftlichen Interessen bestimmt. Dass Deutschland demonstrativ am Atom-Abkommen mit dem Iran festhält, gibt vor der Staatengemeinschaft ein besonders unrühmliches Beispiel ab. Die bilateralen Wirtschaftsbeziehungen gerade zu Deutschland verschaffen dem Iran nicht nur Devisen, sondern auch den moralischen Kredit, um seine Politik der Kriegstreiberei und Zersetzung unbehelligt fortführen zu können. Diese ungute Neuauflage der berüchtigten Appeasement-Politik verkauft Menschenleben und beschleunigt sehenden Auges die Destabilisierung der Großregion.

Besonders tragisch ist, dass sie weitere Kriege in Kauf nimmt – möglicherweise sogar aus dem Interesse heraus, dem Waffenhandel so zu noch mehr Konjunktur zu verhelfen. Entweder muss man diese Politik vorsätzlich bösartig nennen – oder sie ist schlichtweg dumm. Dies gilt insbesondere für die Außenpolitik Deutschlands, wie Vertreter der israelischen Regierung aus Konsultationen bestätigen können; auch ich selbst habe es vor Ort so wahrgenommen. Der Iran rüstet die Feinde Israels aus, und er unterstützt die Assad-Regierung im syrischen Bürgerkrieg. Wer nicht mit Blindheit geschlagen ist, kennt die regelmäßigen Waffenlieferungen aus Teheran an Assad; einmal am Tag fliegt von Teheran ein Flugzeug nach Damaskus.

Doch trotz aller Beweise hält man in Berlin am Glauben an die vermeintlich konstruktiven Absichten des Iran fest. Spitzenbeamte des Auswärtigen Amtes leugneten sogar dreist die offensichtliche iranische Einflussnahme im Irak. Als ich bei einer hochkarätigen Diskussionsrunde in Deutschland Beispiele für diese Einflussnahme anführte, stritt ein deutscher Vertreter des Auswärtigen Amtes dies unverblümt ab – obwohl mir anwesende Experten hundertprozentig recht gaben. Entweder ist das Fachreferat Irak im Auswärtigen Amt mit inkompetenten Beamten besetzt – oder es schweigt absichtlich, aus Rücksichtnahme auf die engen deutschen Beziehungen zu den Ayatollahs. Ähnliche diplomatische Verrenkungen sind ja bereits aus dem ebenso distanzlos-partnerschaftlichen Verhältnis zu Erdoğan hinlänglich bekannt.

Tatsächlich ist es so, dass nur ein schwacher Iran einen stabilen Mittleren Osten möglich macht. Wie notwendig die Zurückdrängung des schiitisch-iranischen Einflusses, sowohl politisch als auch religiös, für die gesamte Region wäre, leuchtet den Saudis schon längst ein. Sie haben sich seit dem jemenitischen Bürgerkrieg dem Westen und sogar Israel angenähert. Beide Länder pflegen, trotz gelegentlicher Rückschritte, immerhin erstmals eine wohlwollende Neutralität statt der bisherigen Feindschaft. Es ist ein pragmatischer Schritt, das »kleinere Übel« im Kampf gegen den gemeinsamen Gegner zu akzeptieren. Nur Deutschland setzt auf das falsche Pferd. Es wird dafür noch einen hohen Preis zahlen.

14. ISRAEL UND KURDISTAN – GESCHWISTER IM SCHICKSAL

Ein Gastbeitrag von *Arye Sharuz Shalicar*

Als hochrangiger Mitarbeiter der israelischen Regierung und Sprecher der israelischen Verteidigungsstreitkräfte für den deutschsprachigen Raum in Krisensituationen bin ich beruflich mit dem Thema Kurdistan und der Situation der Kurden recht vertraut. Doch ich wurde nicht als Israeli geboren, sondern als Sohn persisch-jüdischer Eltern in Deutschland. Nichts deutete darauf hin, dass ich einmal Spitzenbeamter des israelischen Staates sein würde. Meine Jugend verbrachte – um nicht zu sagen überlebte – ich in Berlin-Wedding, einem der kriminellsten und aggressivsten Stadtviertel Deutschlands, inmitten einer Jugendszene, die sich größtenteils aus Muslimen verschiedener Herkunftsländer des Nahen Ostens zusammensetzte, unter ihnen vor allem Türken, Libanesen, Palästinenser und nicht wenige Kurden. Somit waren es meine Jugendjahre in den 1990ern, die mich zum ersten Mal mit Kurden und ihrem »Kampf« in Kontakt brachten.

Es war die Zeit kurz nach der Festnahme des PKK-Führers Öcalan, als die Kurden zu Zehntausenden auch in Deutschland auf die Straße gingen; einige verbrannten sich gar aus Protest bei lebendigem Leib. Ich erinnere mich noch an die Graffiti an den Wänden, vor allem in Kreuzberg: »*Bijî Bijî Kurdistan*«.

Für mich als Jude, der in einer latent feindlich gesinnten Umgebung aufwuchs und beinahe täglich wegen seiner jüdischen Identität (obwohl diese in meinem Fall kaum bemerkbar war) von Muslimen angepöbelt wurde, war es ein Stück weit erleichternd, mitzuerleben, dass wir Juden nicht die Einzigen waren, mit denen sie ihre Probleme hatten. Mindestens ebenso viele Konflikte trugen sie untereinander aus: Libanesen konnten Palästinenser nicht ausstehen, und es war kaum möglich, Türken und Kurden in ein und denselben Freundeskreis zu bekommen. Freilich gab es auch Kurden, die mit Türken befreundet waren und umgekehrt – doch das waren dann in der Regel die wenigen, die auf ihre eigene kulturelle Identität und Herkunft keinen besonderen Wert legten. Zum Beispiel hatte ein in Deutschland geborener Sohn türkischer Kurden, die sich eher als Türken denn als Kurden verstanden, keine Schwierigkeiten damit, mit Türken befreundet zu sein und sich sogar herablassend über Kurden zu äußern. Ein Türke jedoch, der der Ideologie der Grauen Wölfe *(Bozkurt)* nahestand, war gegenüber Kurden regelrecht feindselig eingestellt und behandelte diese mit derselben Geringschätzung, die die meisten Araber mir als Juden entgegenbrachten.

Es gab aber auch libanesische Kurden im Wedding, die einer berühmt-berüchtigten Großfamilie angehörten, dem El-Zein-Clan. Obwohl einer meiner besten Freunde aus diesem Clan stammte und er mir zu verdeutlichen versuchte, dass sie keine Araber, sondern Kurden seien, verstand ich damals nicht wirklich, warum es kurdische

Libanesen gibt und ob sie nun eigentlich Araber oder Kurden sind, denn sie sprachen Arabisch. Ich war darüber wohl ebenso verwirrt, wie es viele Muslime waren, wenn sie erfuhren, dass ich Jude bin; auch ich wurde dann nicht selten gefragt, ob ich denn nun Iraner oder Jude sei, weil beides gleichzeitig ja wohl nicht angehen könne. So spiegelte der Berliner Wedding meiner Jugend für mich den Nahen Osten mit all seinen verschiedenen ethnischen und religiösen Schattierungen wider, und ich war mittendrin.

Doch damit nicht genug. Irgendwann wurde ich selbst so sehr in den türkisch-kurdischen Konflikt auf den Straßen Berlins hineingezogen, dass ich deshalb in der 11. Klasse von der Schule flog. Wie es dazu kam, habe ich in meiner Autobiografie *Ein nasser Hund ist besser als ein trockener Jude. Die Geschichte eines Deutsch-Iraners, der zum Israeli wurde* (dtv, 2010, Seiten 109–110) niedergeschrieben:

»In einer Biologiestunde fing ich vor lauter Langeweile an, mit dem Bleistift auf dem Tisch zu kritzeln. Das gefiel meinem Nachbarn Pawel offensichtlich, denn auch er langweilte sich. Prompt fing er an, seine Seite des Tisches vollzukritzeln. Während Pawel, der ein fanatischer Basketballfan war, sich damit begnügte, Namen bekannter Basketballspieler wie Jordan, Ewing, Stockton und Johnson auf den Tisch zu malen, begann ich, dumme, teilweise rassistische Sätze über Türken und Kurden zu schreiben.

Um genau zu sein, verfasste ich ein Gespräch zwischen einem PKK-Anhänger, also einem radikalen Kurden, und einem Bozkurt-Anhänger bzw. einem radikalen Türken. Ein Gespräch, wie sie es führen würden, wenn sie aneinandergerieten. Sie beschimpfen sich heftig und verfluchen die Herkunft und das Volk des anderen. Das Gespräch spiegelte die Realität, die Konkurrenz und den Hass zwischen den beiden Völkern wider. Das, was man als Weddinger fast täglich zu hören bekam. Es gehörte zum Alltag, dass Türken sich über Kurden lustig machten und Kurden über Türken herzogen. Ich dachte mir nichts dabei, und statt den Quatsch wegzuradieren, ließ ich ihn stehen, wahrscheinlich um dem nächsten gelangweilten Schüler eine Freude zu machen. Langweilige Stunden gab es zur Genüge.

Eigentlich hatte ich mein Gekritzel schon längst vergessen. Doch meine Sprüche machten die Runde und kamen so auch auf den Tisch der Schuldirektorin. Sie war nicht amüsiert über meine Wiedergabe der Weddinger Realität. Sie zitierte meinen Vater in die Schule und erzählte ihm in meinem Beisein, was ich geschrieben hatte. Sie ließ meinen Vater wissen, dass das Lehrerkollegium des Diesterweg-Gymnasiums am Tag vorher eine Überstunde gemacht hatte, um meinen Fall zu besprechen. Der Beschluss stand fest. Für mich sei auf ihrem Gymnasium kein Platz mehr, und ich solle mir für das kommende Jahr eine andere Schule suchen. Rot vor Wut fragte mich mein Vater vor der Direktorin, wieso ich mich so über Türken und Kurden ausließ. Ob ich denn meinen Fehler einsähe und mich in Zukunft zusammenreißen würde, um meinen Rausschmiss zu vermeiden.

‚Was ich geschrieben habe, denke ich natürlich nicht selber. Wie auch? Ich bin weder Türke noch Kurde. Aber der Konflikt beschäftigt mich mittlerweile persönlich. In den letzten Monaten habe ich gemerkt, dass es im Wedding sehr viele rechte Türken gibt, die Kurden über alles hassen und sich mit den Grauen Wölfen, den Bozkurtlar, identifizieren. Zugleich habe ich aber auch gemerkt, dass es mindestens genauso viele Kurden gibt, die die Türken verfluchen und sich mit der kurdischen Arbeiterpartei, der PKK, identifizieren, die Terrorakte gegen türkische Einrichtungen begeht. Da mussten auch schon Menschen ihr Leben lassen. Ich habe einfach nur niedergeschrieben, was ich täglich von der einen oder anderen Seite mitbekomme. Ich habe mir wirklich nichts Schlimmes dabei gedacht', erklärte ich meinem Vater und der Direktorin. – ‚Du hast dich klipp und klar faschistisch geäußert, und so etwas können und wollen wir nicht auf unserer Schule dulden!'«

Viele Jahre sind seitdem vergangen – rund ein Vierteljahrhundert. Seither habe ich meine berufliche Ausbildung abgeschlossen, habe unter anderem Internationale Beziehungen und Studien zum Mittleren Osten an der Hebräischen Universität Jerusalem studiert und mich dabei auch stetig mehr mit der Thematik der Kurden auseinandergesetzt. Es ist eine Tatsache, dass dieses große Volk zwar staatenlos ist, aber auf einem Gebiet lebt, dessen Gesamtfläche etwa der Deutschlands entspricht. Die gesamte Region zwischen der Osttürkei und dem westlichen Teil des Iran ist mehr oder weniger flächendeckend von Kurden besiedelt. Ich bin der Ansicht, dieses Siedlungsgebiet sollte eine politische Einheit darstellen und in Kurdistan umbenannt werden.

Das Schicksal der Kurden geht mir nahe; nicht nur wegen meiner Jugend, sondern auch aufgrund familiärer Beziehungen. Mehrere meiner Familienmitglieder haben kurdische Juden geheiratet, darunter zwei meiner Tanten und mein jüngerer Bruder. Die Kurden weisen, wie wir Juden, eine beträchtliche Diaspora auf; viele von ihnen – darunter auch kurdische Juden – sind heute überall auf der Welt verstreut. So lebt eine meiner Tanten mit ihrem kurdischen Ehemann in Teheran, eine weitere Tante mit ihrem kurdischen Ehemann in Los Angeles, während mein Bruder eine kurdische Israelin in Jerusalem heiratete, wo seine Frau und deren Eltern auch geboren wurden; die Großeltern seiner Frau hatten ihre Kindheit noch in Kurdistan verbracht, von wo aus sie sich – wie Tausende weitere kurdisch-jüdische

Familien – wenige Jahre nach der Staatsgründung Israels 1948 auf den Weg in ihre neue Heimat gemacht hatten.

In Israel leben heute rund 200 000 kurdische Juden. Die größte Gemeinde existiert in Jerusalem und der näheren Umgebung. Diese Kurden sind zu 100 Prozent integrierte und bekennende Israelis – und doch haben sie niemals der kurdischen Sprache, Musik, Kultur und den kurdischen Traditionen den Rücken gekehrt. Im Herzen und Gedanken sind viele von ihnen in Kurdistan.

Die Kurden rückten verstärkt in den Blick der Weltöffentlichkeit, seit in Syrien ein blutiger Bürgerkrieg ausbrach und Großteile des Irak wie auch Teile Syriens von den Dschihadisten des Islamischen Staats (ISIS) besetzt wurden. Durch ihre heldenhafte und letztlich entscheidende Beteiligung am internationalen Krieg gegen den Islamischen Staat gewannen die Kurden als mutiges und entschlossenes Volk weltweites Prestige und wurden entsprechend gefeiert. Die Kurden waren in aller Munde, und es schien, als sei nun die Stunde für die kurdische Unabhängigkeit gekommen, als sei das historische Momentum auf der Seite der Kurden. Im Lauf der vergangenen zwei Jahre habe ich zu diesem Thema einige aussagekräftige Artikel in namhaften deutschen Medien veröffentlicht. Nachfolgend sei beispielhaft der Wortlaut meines Gastbeitrags in der »Jüdischen Allgemeinen Zeitung« vom 16.10.2017 wiedergegeben:

> *»Am 25. September hat der starke Mann der Autonomen Kurdenregion im Irak, Masud Barzani, trotz Drohungen aus Bagdad, Teheran, Ankara und ohne Rückenwind der Europäer und der Amerikaner ein Unabhängigkeitsreferendum abgehalten. Vermutlich zwei Jahre zu spät! Damals nämlich hatten die Kurden fast die gesamte westliche Welt hinter sich und wurden*

gefeiert – als Helden im Kampf gegen den Islamischen Staat. Damals war die ›Kurdenfrage‹ plötzlich nicht mehr ein Problem, sondern das kurdische Volk wurde als die ›Lösung‹ wahrgenommen. Das Problem war damals der IS, als Lösung galten die Kurden. Der Westen stand hinter den Kurden, denn sie waren es, die nicht nur mutig genug waren, die ›Drecksarbeit‹ zu leisten, sondern die auch geostrategisch betrachtet perfekt konzentriert waren, um den IS zu bekämpfen. Und entgegen aller Erwartung waren sie erfolgreich: Der IS hat nicht nur seine ›Hauptstadt‹ Al-Rakka aufgegeben, sondern er verliert seit Monaten Gebiete. Der ›Tag nach dem IS‹ ist nahe. Mittlerweile braucht der Westen die Kurden nicht mehr, und plötzlich ist sie wieder da, die ›Kurdenfrage‹. Und die Kurden sind wieder da, wo sie schon immer waren: in der Defensive und von einem unabhängigen Staat namens Kurdistan träumend. Nur Israel hat sich offen für Kurdistan ausgesprochen, und dafür gibt es viele Gründe: etwa, dass es vor nicht allzu langer Zeit noch um eine ›Judenfrage‹ ging und die Juden ähnlich dastanden wie heute die Kurden. Neben diesem moralischen gibt es auch ein geopolitisches Argument: Ein unabhängiges, starkes und Israel verbundenes Kurdistan könnte im Ländereck Iran-Irak-Syrien eine Pufferzone bilden, die den iranischen Landkorridor zwischen dem Iran und dem Libanon brechen würde. Masud Barzani soll Theodor Herzl und David Ben-Gurion zu seinen Vorbildern zählen. Ben Gurion hat den Staat Israel kurze Zeit nach dem Holocaust gegründet. Barzani ist vielleicht zwei Jahre zu spät, aber hoffentlich beweist uns die Geschichte das Gegenteil.«

Auch wenn zurzeit nüchtern festzustellen ist, dass die scheinbare Gunst der Stunde verflogen ist und die Kurden mehr oder weniger wieder exakt dort angekommen sind, wo sie auch schon vor zehn Jahren waren, sollten sie die Hoffnung nicht aufgeben. Früher oder später wird die Dynamik der sich ständig verändernden regionalen und geopolitischen Realität im Mittleren Osten die Gründung eines Staates Kurdistan hervorbringen. Wir Juden wünschen ihnen dies von Herzen, aber wir raten zur Geduld. Die Kurden haben, ähnlich wie wir Juden, enorm viel durchgemacht. Wir haben, nach knapp 2000 Jahren der Diaspora, nach dem unendlichen Leid durch Pogrome und den Holocaust, unseren eigenen Staat auf dem einstigen Ursprungsgebiet wiedergegründet. Und die Geschichte der Juden sollte Kurden Hoffnung spenden: Auch sie werden ihren eigenen Staat früher oder später gründen. Zum Glück befinden sie sich größtenteils schon dort, wo sie herkamen und hingehören.

Zum einen aus privaten und familiären Gründen, zum anderen aus politisch-strategischen Erwägungen wünsche ich den Kurden einen unabhängigen Staat Kurdistan.

Und ich habe keinen Zweifel, dass dieses Kurdistan ein demokratischer und friedlicher Staat sein wird; ein modernder Staat. Ein Staat, der brüderliche und schwesterliche Beziehungen zu Israel, dem Staat der Juden, unterhalten wird.

RESÜMEE

Die Idee zu diesem Buch entstand Ende 2016. Eine Menge ist seither passiert – im Mittleren Osten, vor allem auch in Kurdistan. Die Dinge sind im Umbruch, die Kurden stecken mitten in einem historischen Prozess politischer Emanzipation. Es geht um ihre Selbstbehauptung als Volk – vielleicht sogar als Nation im irakischen Teil – in unruhigen Zeiten, denn alles, was heute noch aktuell ist, kann morgen schon überholt sein. So haben die jeweiligen aktuellen Ereignisse auch meine Arbeit an diesem Buch stetig beeinflusst und mich stellenweise zu Neubewertungen, Revidierungen und Ergänzungen veranlasst.

Ursprünglich hatte ich mir vorgenommen, insbesondere auch auf eine Zukunft der Kurden als Partner des Westens einzugehen. Ich wollte skizzieren, was diese politische Orientierung den Kurden bringt, wie sie ausgestaltet und verfestigt werden kann. Als ich meine ersten Notizen zu diesem Aspekt des Buches anfertigte, sah die Welt für die Kurden allerdings noch anders aus als heute: In der Autonomen Region Kurdistan wie auch bei den in Europa lebenden Kurden herrschte damals Zuversicht, ja Gewissheit, dass USA und EU die Kurden als Verbündete, als Freunde akzeptieren und sich ihnen gegenüber loyal verhalten würden. Angesichts des beispiellosen militärischen Einsatzes der Kurden gegen den IS stand für mich völlig außer Zweifel, dass der Westen Kurdistan als engen Partner behandeln und unterstützen würde. Und nicht nur realpolitisch, sondern auch moralisch schien mir die Anerkennung und Respektierung des kurdischen Wunsches nach Unabhängigkeit die einzig logische Konsequenz. Niemals hätte ich mir vorstellen können, dass der Westen die Kurden so verraten würde, wie er es dann tat.

Als vergangenen Oktober, nach dem Unabhängigkeitsreferendum, irakische Militäreinheiten gemeinsam mit iranischen Milizen die kurdische Stadt Kirkuk überfielen und besetzten, war ich zwar geschockt – obwohl mit solchen Gegenmaßnahmen zu rechnen gewesen war. Doch wirklich entsetzt hat mich, dass die freie Welt dabei tatenlos zusah. Es war ein Schlag ins Gesicht der Kurden. Statt ihnen zumindest diplomatisch beizustehen und gegen die Invasion Stellung zu beziehen, verspottete der Westen die Kurden geradezu durch seine demonstrative Passivität und Untätigkeit. Es war, als würden Europa und Amerika auf den legitimen Wunsch nach Freiheit und Unabhängigkeit der Kurden spucken. Jene »diplomatische Zurückhaltung«, in der sich die gesamte westliche Hemisphäre damals übte, war für mich Feigheit, sonst nichts.

Allein Israel positionierte sich klar zugunsten der Kurden und würdigte den Ausgang des Referendums positiv. Nach all den Opfern, die die Kurden für die freie Welt, vor allem für uns im Westen gebracht haben, als sie den IS – eine der barbarischsten und mörderischsten Bedrohungen der Zivilisation – fast im Alleingang besiegten, hätten USA und EU sich erkenntlich zeigen müssen. Doch das Gegenteil geschah. Was aus Washington und den Hauptstädten Europas im Kontext des Referendums zu vernehmen war, stärkte allein die Position der irakischen Regierung, die Kurdistan als »integralen« territorialen Teil Iraks betrachtet.

Wie wäre die Geschichte wohl verlaufen, hätten die kurdischen Peshmerga uns nicht vor dem IS gerettet? Wie sähe die Welt heute aus, wenn der IS ein Territorium von Millionen Quadratkilometern halten und die wichtigsten Ölquellen kontrollieren würde? Die Verbündeten des Westens, Jordanien, Saudi-Arabien, vor allem aber Israel wären in existenzieller Gefahr. Die Sogwirkung dieses apokalyptischen Terrorstaats würde auch im Westen unzählige Muslime radikalisieren und mobilisieren – und die Sicherheitslage auch in Mitteleuropa drastisch verschlechtern. Ohne den Widerstand der Kurden hätte der IS womöglich einen Durchmarsch bis nach Istanbul unternommen und stünde heute vor den Toren Europas – genügend Sympathisanten hat er in der Türkei ja. Ein siegreicher IS wäre zur größten globale Bedrohung des 21. Jahrhunderts geworden. Und es waren vor allem die Kurden – sowohl die Peshmerga aus dem Irak als auch ihre Kampfgenossen aus dem Iran und die Kämpferinnen und Kämpfer der HPG und der YPG/YPJ, die ihr Leben einsetzten, um unseres zu retten.

Ich kannte den berühmten Satz Mustafa Barzanis, der einmal sagte: »Mein größter Fehler im Leben war es, den USA zu vertrauen.« Wiederholt hatte der Westen nun die Kurden verraten, hatte sie trotz aller Zusicherungen am Ende wieder und wieder im Stich gelassen und sie um ihr Recht – einen eigenen Staat – betrogen. Dass sich die Geschichte jetzt, nach dem Triumph über den IS und den positiven gesellschaftlichen Veränderungen in Kurdistan, erneut wiederholen sollte – das hätte ich niemals für möglich gehalten. Doch genau so kam es. Nach dem Undank setzte das große Vergessen ein. Nur wenige Politiker erinnern sich heute noch an ihre damaligen Sonntagsreden auf den Mut der Kurden.

Die einzige Ausnahme, die mir einfällt, ist Ursula von der Leyen, unsere Bundesverteidigungsministerin. Bei aller sonstigen Kritik an der deutschen Bundesregierung und ihrer enttäuschenden Kurdenpolitik ist die Verteidigungsministerin die einzige Persönlichkeit in Deutschland, die bis heute ihre aufrichtige Dankbarkeit den Kurden gegenüber ausdrückt – und zwar weder gespielt noch aus politischem Kalkül. Von der Leyen meint es ernst, sie hat Verständnis und zeigt Empathie, und bei ihr registriere ich sogar etwas wie ein schlechtes Gewissen angesichts des westlichen Affronts gegen die Kurden. Dieser zunächst nur aus der Distanz gewonnene Eindruck bestätigte sich durch die Schilderung eines guten Freundes, der zufällig neben von der Leyen auf der Münchner Sicherheitskonferenz stand, als sie – fernab aller Kameras und Mikrofone – ihrer Delegation strahlend zurief: »Jetzt ist der Termin mit den Kurden. Auf den Termin freue ich mich richtig. Das wird schön!«

Vielleicht war ich zuvor etwas naiv gewesen anzunehmen, dass eigentlich doch viel mehr Politiker ein so positives Bild von den Kurden haben müssten wie Ursula von der Leyen. Doch sie ist eben eine der wenigen Ausnahmen, die auf persönliche Erfahrungen zurückblicken können. Sie hat als Verteidigungsministerin Kurdistan wiederholt besucht. Und die unverfälschte Freude, die mein Bekannter in dieser zufälligen Momentaufnahme in München an ihr bemerkte, war sicherlich dieselbe, die auch ich empfinde, wenn ich an meine zahlreichen Aufenthalte in der Autonomen Region Kurdistan zurückdenke.

Ich selbst war und bin unglaublich beeindruckt von den Kurden. Jeder Besuch, und sei er noch so gefährlich gewesen, war für mich ein Genuss. Ob bei 53 Grad im Schatten vor Mossul oder bei minus 20 Grad im Shingal-Gebirge; ob ich konfrontiert war mit dem Mörsergranatenfeuer des IS oder dem bedrohlichen Geheule eines wilden Wolfsrudels oder mit einer plötzlich vor mir auftauchenden Giftschlange (von denen es im Sommer dort wirklich verdammt viele gibt!) – wann immer man mit Kurden unterwegs ist und gemeinsam einen Çay trinkt, fühlt man sich geborgen unter Freunden. Sogar als ich einmal mit einer bösen Lebensmittelvergiftung (an dieser Stelle einen schönen Gruß an das Sushi-Restaurant) im Krankenhaus gelandet war, wusste ich, dass ich in guten Händen bin. Eine bessere Patientenbetreuung lässt sich nicht vorstellen, wenn man als Ortsunkundiger vom Sohn des Hotelchefs des »Grand Palace Hotel« in Erbil-Ankawa persönlich regelmäßig zur Nachsorge gefahren wird. Bei solchen Erinnerungen muss ich immer an das kluge Zitat der Menschenrechtsaktivistin Leyla Zana denken, HDP-Abgeordnete im türkischen Parlament: »*Die Kurden sind wie Feuer: Sanft behandelt, wärmen sie euch. Schlecht behandelt, verbrennen sie euch.*« Besser kann man das Wesen der Kurden, ganz gleich in welchem Teil Kurdistans, nicht beschreiben. Dieses Temperament vereint sie.

Wie schön wäre es, wenn diese Einheit in Zukunft noch viel weiter reichen würde. Denn das größte Problem der Kurden waren nie ihre äußeren Feinde – seien es der IS, die Türkei, der Iran, der Irak oder das syrische Regime. Im Gegenteil, diese Feinde brachten sie einander näher und ließen sie zusammenrücken. Das zugefügte Leid vereint alle Kurden gleichermaßen. Ja, der größte Feind der Kurden sind die Kurden selbst. Ihre politischen Rivalitäten und Gegensätzlichkeiten entzweiten sie immer wieder in ihrer langen Geschichte. Statt in Unterschieden Chancen zu erkennen, wurden daraus allzu oft tiefe Gräben. Und woran es allen kurdischen Gesellschaften fehlte, waren Brückenbauer, die diese Gräben zu überwinden halfen. Es fehlt in allen politischen Gruppen die Fähigkeit zum Dialog, zur Kompromissbereitschaft. Und zuweilen fehlt es auch an der Toleranz gegenüber Andersdenkenden.

Was diesen eklatanten Mangel an Duldung von Pluralität, von wetteifernden Meinungen und Standpunkten betrifft, darin unterschieden sich die Kurden leider wenig von anderen Völkern im Mittleren Osten. Umso wichtiger ist es, dass die Modernität, die Offenheit, die in jüngerer Zeit in Kurdistan Wurzeln schlägt und gerade in der Autonomen Region Kurdistan und in Nordsyrien die Grundlage der erhofften Eigenstaatlichkeit bilden sollen, sich konsolidieren und weitere Verbreitung finden. Überall im historischen Kurdistan müssen die Menschen lernen, dass eine andere Meinung, eine Einstellung und eine andere Lebensweise keinen Angriff auf ihre eigenen Überzeugungen darstellen – sondern ihnen neue Blickwinkel eröffnen und eine Bereicherung sind. Diese Erkenntnis wünsche ich all meinen kurdischen Freunden und ihren Landsleuten – denn sie ist letztlich der Schlüssel zur Verwirklichung des kurdischen Selbstbestimmungsrechts.

Ihre Gegner verfolgen argwöhnisch die weitere Entwicklung dieses besonderen Volkes. Ein politisch geeintes, freies Kurdistan ist das Schreckensszenario für die Türkei und die rundherum herrschenden Regime. Der Iran setzt alles daran, die Kurden gegeneinander auszuspielen und zu spalten. Der jüngste Fall, der dies gezeigt hat, war die Besetzung Kirkuks, der durch eine vorangegangene heimtückische iranische Geheimdiplomatie der Weg geebnet wurde. Alte Wunden der kurdischen Seele rissen wieder auf, als iranische Agenten gezielt die alte Feindschaft zwischen Barzani- und Talabani-Anhängern schürten und den Antagonismus der beiden Clans neu belebten. Die Folge dieses wieder entflammten Konflikts war, dass sich die kurdische Gesellschaft im Irak jäh rund 30 Jahre in die Vergangenheit zurückbefördert sah. Ein ungutes Déjà-vu, ein Albtraum, aus dem es jetzt für die Kurden wieder aufzuwachen gilt. Es zählt nun, sich wieder aufzurichten und den eigentlichen, gemeinsamen Feind zu erkennen. Der berühmte deutsche Generalfeldmarschall von Moltke, den zu zitieren ich nicht müde werde, sagte einst: »Stünden die Kurden zusammen, wären sie unbesiegbar.« 150 Jahre alt ist dieser Ausspruch, doch er ist aktueller denn je.

Außer dem Wunsch, die Kurden könnten dereinst in Freiheit und Selbstbestimmung leben, unabhängig und auf Augenhöhe mit allen anderen Völkern des Mittleren Ostens, hege ich auch noch eine weitere Hoffnung, die gerade auch uns Europäer betrifft: die Hoffnung, dass westliche Politiker in den Kurden dasselbe erkennen, was ich in ihnen sehe. Und das ist vor allem eine gigantische Chance – die Chance auf dauerhaften Frieden und politische Stabilität im Mittleren Osten. Der Westen muss begreifen, dass ein starkes Kurdistan nicht etwa eine Gefährdung des machtpolitischen Gefüges der Region bedeutet, sondern das genaue Gegenteil: Ein starkes Kurdistan im heutigen Nordirak bedeutet, ebenso wie ein weiterer selbstständiger kurdischer Staat in Nordsyrien, ein massives Bollwerk gegen religiösen Fundamentalismus.

Die kurdischen Gemeinwesen stehen für Inseln der Zivilisation inmitten eines Meeres der Unterdrückung, für die Moderne in einer Welt mittelalterlicher Barbarei. Die Kurden könnten, mit Unterstützung des Westens, zu einem Vorbild der Aufklärung werden. Jeder westliche Politiker sollte sich fragen, ob es nicht weitaus wirksamer und nachhaltiger wäre, wenn den Menschen des Mittleren Osten in Gestalt Kurdistans das Modell einer modernen, toleranten Zivilgesellschaft vorgelebt wird, statt dass wir ihnen unsere Wertvorstellungen durch gelegentliche Luftangriffe näher bomben. Ein Kurdistan, dessen Einwohner zusammenstehen, wirtschaftlich und militärisch verbündet mit dem freien Westen als verlässlicher Partner; eine Entwicklung zur Rechtsstaatlichkeit und Demokratie, ohne religiösen Eifer und blutigen Fanatismus; Respekt für Minderheiten und eine humanitäre Grundausrichtung der Politik – dies sind nicht die frommen, blauäugigen Träumereien eines kurdenbegeisterten Fantasten. Sondern es sind Ziele, zu denen der Weg offen vor uns liegt. Er müsste nur beschritten werden. Alles, was es dazu braucht, ist eine gesunde Selbstreflexion der Kurden – und eine neue Ehrlichkeit ihrer westlichen Partner.

Die Kurden sind unsere Freunde. Also lasst uns endlich auch Freunde der Kurden sein.

DANKSAGUNG

Als ich im August 2014 den Entschluss fasste, die Autonome Region Kurdistan zu besuchen, im Norden des gescheiterten Staates Irak, waren meine Eltern sehr beunruhigt. Ein paar Monate zuvor war ich schon drauf und dran gewesen, nach Israel und in die Palästinensergebiete zu reisen, um vor Ort über die dortige Situation zu berichten; doch ein Veto meiner besorgten Mutter hatte mich davon abgehalten. Diesmal aber wusste sie, dass sie mich nicht würde aufhalten können: Sie sah selbst die schrecklichen Bilder der Verbrechen, die die Terrorgruppe IS (Da'ish) verübte: Die jesidischen Flüchtlinge, verzweifelte Frauen mit kleinen Kindern, Menschen, die verdursteten. Meine Mutter wusste, dass meine Entscheidung feststand, deshalb versuchte sie erst gar nicht mich umzustimmen. Mein Vater war zwar nicht weniger nervös, zeigte es aber nicht so deutlich. Typisch Vater, typisch Mann, werden Sie denken – Sie haben recht! So ist mein alter Herr: eine harte Schale, doch ein weicher Kern.

Natürlich setzte ich als Allererstes auf eine professionelle Vorbereitung: Schutzweste der Klasse 4, Gefechtshelm, passende Kleidung. Planung ist das A und O. Die Risiken waren mir bewusst, und natürlich reflektierte ich sie wieder und wieder. Es war das erste Mal in meinem Leben, dass ich mich mit der realen Möglichkeit meines vorzeitigen – unnatürlichen – Todes auseinandersetzte. Für meine Familie bereitete ich einen Umschlag vor, zu öffnen nur im Todesfall: Darin standen auf einem Zettel die Zugänge zu all meinen Social-Media-Accounts.

Meinen guten Freund Burkhardt Müller-Sönksen, einen ehemaligen FDP-Bundestagsabgeordneten, berief ich auf Facebook zum Nachlassverwalter. Ich selbst habe keine Kinder, doch wenige Tage vor meiner Abreise war meine Nichte Pia zur Welt gekommen – was mich auf eigentümliche Weise beruhigte, da ich nun wusste, dass meine Familie auch ohne mich weiterbestehen wird. Für Pia nahm ich ein kurzes Video auf, in dem ich ihr von ihrem Onkel erzählte, den sie nie kennenlernen würde. Den USB-Stick mit dem Video steckte ich ebenfalls in besagtes Kuvert. Natürlich waren dies eher Vorsorgemaßnahmen, doch es bestand eine sehr reale Gefahr, dass ich von meiner Reise nicht zurückkehren würde, denn für die Terrorgruppe IS war ich ein besonders begehrenswertes Ziel. Für den Fall der Fälle hielt ich deshalb schriftlich fest, dass ich mir die Zahlung jeglicher Lösegelder verbat, weil dies nicht nur meinem ethischen Kompass komplett zuwiderliefe, sondern weil mir bewusst war, dass mit jeglichen Geldflüssen an Terroristen weiteres unsägliches Leid finanziert werden würde.

Zum Glück trat schlussendlich nichts davon ein: Den USB-Stick vernichtete ich zwei Jahre später, meine Passwörter sind mittlerweile veraltet, nur mein Nachlassverwalter für Facebook ist weiterhin eingetragen. Auch wenn bis heute alles glimpflich verlief, so weiß ich doch, dass ich meiner Familie durch meine Reisen in die Krisen- und Kriegsgebiete sehr viel zugemutet (und meinen Eltern mehr als eine schlaflose Nacht bereitet) habe. Deshalb gebührt ihnen auch mein tiefer Dank – meinen Eltern, meiner Schwester und meiner ganze Familie. Es ist für mich ein großes Glück und eine unermessliche Erleichterung, dass ihr mir immer den Rücken stärkt und all die Sorgen aushaltet, die ich euch zumute!

Diese privaten Worte waren mir wichtig zu äußern, bevor ich nun zu den eigentlichen Danksagungen komme.

Für die Entstehung dieses Buches waren vor allem drei Menschen unersetzlich: Zum einen Alfred Hackensberger, der mir immer wieder den richtigen Weg aufgezeigt hat, damit ich mich nicht verzettele und den roten Faden nicht verliere. Alfred ist ein echter Nahostexperte und war für viele inhaltliche Fragen dieses Buchs eminent wichtig. Seine Expertise über Syrien ist herausragend, und es war mir eine große Freude, gemeinsam mit ihm den Norden Syriens, das kurdische Rojava, zumindest teilweise zu erkunden.

Ebenfalls dabei war Sebastian Backhaus, der unglaublich tolle Fotos zu diesem Buch beisteuern konnte. Auch ihm gebührt großer Dank.

Die dritte Person ist mein guter, alter Freund Daniel Matissek. Schon bei meinem ersten Buch »Die Jefferson-Bibel« hat er mir bei so vielen Formulierungen geholfen, und auch bei diesem Buch war er ein unersetzlicher Lektor. Es war für mich im Entstehungsprozess dieses Buchs wichtig, einen Menschen an meiner Seite zu haben, der kaum Berührungen mit dem Nahen und Mittleren Osten hat, um mir stets aufzuzeigen, ob der normale Leser dieses Buch versteht und wo vielleicht noch zusätzlicher Erklärungsbedarf besteht. Wenn Sie sich also darüber freuen, dass Sie jetzt vieles verstehen, was Ihnen vorher nicht erschlossen war, dann liegt das mit großer Wahrscheinlichkeit an Daniel Matissek.

Bei meinen Reisen in die Autonome Region Kurdistan gab und gibt es drei Personen, die quasi das Fundament bereitet haben: Enno Lenze öffnete mir als Erster den Blick nach Kurdistan und stellte den Kontakt zu meinem mittlerweile guten Freund Gunter Völker her. Dieser betreibt seit fast zwölf Jahren das Restaurant »Deutscher Hof« in Erbil und firmiert dort quasi als inoffizielle »deutsche Botschaft«. Mit ihm startete ich die Aktion »Wasser für Flüchtlinge in Kurdistan«, seit Mitte 2014 organisiert er maßgeblich die Hilfsaktionen in der Region. Außerdem ist noch Rosa Karim zu nennen, ein Mensch mit unglaublich guten Kontakten in ganz Kurdistan; sie war hilfreich, wann immer ich Hilfe benötigt habe. Da Rosa selbst Kurdin ist, war sie oftmals auch als Übersetzerin mit mir unterwegs. Viele Informationen in diesem Buch wären nicht aufgeschrieben worden, hätte sie nicht synchron die Worte meiner Interviewpartner wiedergegeben. Auch ihr schulde ich herzlichen Dank.

Eine schier unerschöpfliche Quelle an Hintergrundinformationen war für mich der kurdische Journalist und Autor Samko M. Maaroof. Wir waren uns vom ersten Kennenlernen an sympathisch, und er hat mir Blickwinkel eröffnet, die ich vorher nicht wahrgenommen habe. Samko ist ein echter kurdischer Patriot. Den Kontakt zu ihm stellten meine beiden Freunde Besaz und Shirko Marbin her; diese beiden Peshmerga-Veteranen ermöglichten mir tiefere Einblicke in die kurdische Gesellschaft. Danke auch an euch drei!

Ein besonderen Dank geht außerdem an zwei Menschen, mit denen ich seit über vier Jahren befreundet bin: Dilshad und Piran Barzani. Dilshad ist der Botschafter der Autonomen Region Kurdistan in Deutschland und einer der hilfsbereitesten Menschen, die ich kenne. Das Gleiche trifft auf seinen Sohn Piran zu, der selbst mit diversen Hilfsprojekten in der Region aktiv ist. Ich zähle Piran zu den größten politischen Nachwuchshoffnungen für das kurdische Volk. Er denkt weit über Parteigrenzen hinaus und hat ein gutes Herz, das noch weiter und größer und ist als das Siedlungsgebiet der Kurden.

Bei meiner journalistischen Arbeit waren zwei echte Vollblut-Reporter für mich wahre Vorbilder: Paul Ronzheimer und Claas Weinmann. Die beiden *Bild*-Reporter waren stets dann noch in Kurdistan unterwegs, wenn es anderen Journalisten längst viel zu heikel war und sie sich lieber ins sichere Istanbul oder nach Kairo zurückzogen, um aus der Ferne zu berichten. Während etwa die *Tagesschau* dort die Ferneinschätzungen ihrer Korrespondenten abrief, waren Paul und Claas vor Ort in Mossul, in Shingal oder im syrischen Rakka und berichteten ehrlich und aufrichtig, von buchstäblich vorderster Front, über ihre wertvollen Eindrücke.

Und zu guter Letzt gibt es noch zwei Personen, die ich an dieser Stelle bedenken möchte – nachdem sie bereits an früherer Stelle in diesem Buch Erwähnung gefunden haben: zum einen meinen Freund Swara Jaff, der auf dem Titelbild neben mir an der ISIS-Front bei Kirkuk mit Peshmerga der PAK zu sehen ist. Swara ist von der ersten Stunde unserer Hilfslieferungen an dabei gewesen, hat stets für unsere Sicherheit gesorgt und auch Anfang 2018 den Zugang zum Erdbebengebiet organisiert, weil seine Familie – der mächtige Jaff-Clan – dort ihr Siedlungsgebiet hat. Zum anderen ist Arye Sharuz Shalicar zu nennen, den Sie nach der Lektüre dieses Buchs ein wenig besser kennen dürften. Arye ist in Berlin aufgewachsen, war eine lange Zeit Sprecher der israelischen Armee (IDF) im Stabsrang eines Majors und ist mittlerweile einflussreicher Direktor im israelischen Geheimdienstministerium, wo er für die Außenpolitik mit Schwerpunkt Europa zuständig ist. Wenn jemand eine glasklare Analyse zum Nahen Osten benötigt, sollte er Arye fragen.

Am Ende möchte ich mich auch bei all den Kämpferinnen und Kämpfern bedanken, die mich auf meinen Reisen beschützt haben. Danke an alle Peshmerga – egal von welcher Partei! Und danke auch an die christliche Sutoro-Miliz der SDF und danke an die YPG/YPJ. Auf euch alle konnte ich mich immer verlassen.

GLOSSAR

Ad-daula al-islāamiyya (Da'ish)
Wird üblicherweise als *Da'ish* abgekürzt. Bezeichnung für die Terrormilizgruppe IS (nannte sich bis Ende 2014 ISIS (Islamischer Staat im Irak und in Syrien)

AKP
Türkische Partei (»Partei für Gerechtigkeit und Entwicklung«) des türkischen Staatsoberhaupts Recep Tayyip Erdoğan

Aleviten
Bei türkischen Kurden stark verbreitete Glaubensgemeinchaft

Al-Haschd asch-Scha'bī(-Miliz), auch Hadschid-Schaabi-Miliz
Iranische Miliz, die an der Seite der irakischen Zentralregierung kämpft; wird international mit PMU abgekürzt

al-Qaida
Sunnitisch-islamistische Terrorgruppe

Al-Rakka
Stadt in Syrien. Ehemals die Hauptstadt des IS

al-Shammar
Größter arabische Stamm in Syrien und dem Irak

Ankawa
Christlicher Stadtteil der kurdischen Hauptstadt Erbil

Arabischer Frühling
Proteste und Aufstände gegen die autoritären Militärregierungen in den nordafrikanischen Ländern

ARK
Deutsche Abkürzung für die Autonome Region Kurdistan

Armenischer Völkermord
Völkermord in den Jahren 1915/16 an den Armeniern, Aramäern, Jesiden und Pontos-Griechen durch die »Jungtürken«; von der Türkei bis heute geleugnet

Asayish
Geheimpolizei in der Autonomen Region Kurdistan

Assyrer
Christliche Volksgruppe in der Levante

Ayatollah
Geistlicher Führer (schiitisch)

Bakur
Türkischer Teil Kurdistans. Nordkurdistan.

Barzani
Clan/Familienclan in der Autonomen Region Kurdistan

Barzani Charity Foundation
Wohltätige Stiftung der Barzani-Familie, die sich vor allem auf Flüchtlingshilfe konzentriert.

Basra
Stadt im Südirak.

Başûr
Autonome Region Kurdistan. Südkurdistan

»Bergtürken«
Beleidigende, abwertende Bezeichnung der türkischen Regierung für Kurden, da das Wort »Kurde« lange Zeit nicht benutzt werden durfte.

Bozkurt
Nationalistisch-faschistische Gruppe in der Türkei (»Graue Wölfe«)

Camp Domez
Großes Flüchtlingscamp in der Autonomen Region Kurdistan an der Grenze zu Syrien

Çay
Kurdischer bzw. türkischer Tee

Chaldäer
Christliche Glaubensgruppe in der Levante

Cizire
Kanton in Nordsyrien

Counter Da'esh
Internationale-militärische Mission im Kampf gegen Da'ish (IS)

Da'ish
siehe Islamischer Staat

Demokratischer Föderalismus
Von Abdullah Öcalan erdachte Gesellschafts- und Staatsform

Dersim
Kurdische Stadt in der Türkei

Dinar
Irakische Währung

Dingo
Militärfahrzeug der Bundeswehr

DPK-I
Kurdische Partei im Iran (Demokratische Partei des iranischen Kurdistans; kurdische Abkürzung PDK für *Partiya Demokrata Kurdistanê*, englische Abkürzung KDP für *Kurdistan Democratic Party*)

DPK-S
Kurdische Partei in Syrien (Demokratische Partei des Syrischen Kurdistans)

Dschihad
Heiliger islamischer Krieg (auch »kleiner Dschihad« genannt)

Duhok
Region in der Autonomen Region Kurdistan

Dukan
Naherholungsgebiet in der Autonomen Region Kurdistan

Efrîn
Kanton und Stadt in Nordsyrien

ENKS
Kurdischer Nationalrat; politische Gruppierung in Nordsyrien

Erbil
Region und Hauptstadt der Autonomen Region Kurdistan

Eziden
siehe Jesiden

Failed State
Gescheiterter Staat

FSA
Freie Syrische Armee; mittlerweile zu großen Teilen al-Qaida-Gruppierungen

Gaziantep
Stadt im Süden der Türkei

Golden Division
Spezialeinheit des irakischen Militärs

Gorran
Partei in der Autonomen Region Kurdistan

Halabdscha
Kurdische Stadt im Irak

HDP
Politisch verfolgte demokratische Partei in der Türkei

Hêzên Parastina Gel
Volksbefreiungsarmee Kurdistans; militärischer Arm der PKK

Hijab
Kopfbedeckung, besser bekannt als: Kopftuch

Ibrahim Khalil
Grenzübergang von der Türkei zur Autonomen Region Kurdistan

IRGC
Iranische Revolutionsgarden (Militär); englische Abkürzung für *Islamic Revolutionary Guard Corps*

Islamismus
Politischer Islam

Jaff
Einflussreicher kurdischer Clan in der Autonomen Region Kurdistan

Kandil-Gebirge
Gebirge zwischen der Autonomen Region Kurdistan und dem Iran. Rückzugsgebiet der PKK

Kirkuk
Kurdische Stadt der Autonomen Region Kurdistan. Derzeit vom Irak besetzt

Kobane
Kanton und kurdische Stadt in Nordsyrien

Konrad-Adenauer-Stiftung
Parteinahe Stiftung der CDU (Deutschland)

Koya
Stadt in der Autonomen Region Kurdistan

KRG (siehe ARK)
Englische Abkürzung für die Autonome Region Kurdistan (*Kurdistan Regional Government*)

Kuffar
Islamische Bezeichnung für »Ungläubige«

Kurdische Gemeinde Deutschland
Kurdische Interessenvertretung; Vorsitzender: Ali Ertan Toprak

Kurmandschi
Kurdischer Dialekt

Lalish
Höchstes Heiligtum und Dorf der Jesiden

Levante
Das sogenannte »Morgenland«; der Nahe Osten

Lira
Türkische Währung

Mahabad
Kurdische Stadt im Iran

Mesopotamien
Gebiet, welches sich über Syrien, die Türkei, den Irak und den Iran erstreckt. Das sogenannte »Zwei-Strom-Land«

MFS
Militärrat der Assyrer in Syrien (Abkürzung für *Mawtbo Folhoyo Suryoyo*)

MILAN
Waffensystem, welches von den kurdischen Peshmerga erfolgreich gegen Da'ish eingesetzt wurde

Mossul
Stadt im Irak. Ehemals Großstadt des IS (Da'ish)

Newroz-Fest
Kurdisches Neujahrsfest

NGO (Non-governmental organization)
Nichtregierungsorganisation

Niqab
Islamistische Vollverschleierung muslimischer Frauen. Üblich bei Da'ish, auch in Saudi-Arabien und einigen anderen strenggläubigen Ländern stark verbreitet

NRT
Kurdischer Fernsehsender

Nisêbîn
Christlich-kurdische Stadt in der Türkei an der Grenze zu Syrien. Gegenüber der syrischen Stadt Qamishlo gelegen

PAK
Partei im Iran

PCDK
Partei im Irak

PDK-I
Partei im Iran

PDK-S
Partei in Syrien

Peshmerga
Kurdische Kämpferinnen und Kämpfer, die verschiedenen kurdischen Parteien zugeordnet sind

PJAK
Partei im Iran

PKK
Kurdische Arbeiterpartei in der Türkei

PUK
Partei in der Autonomen Region Kurdistan

PYD
Partei der Demokratischen Union im syrischen Westkurdistan/Rojava

Qamishlo
Stadt in Nordsyrien an der Grenze zur Türkei

Reporter ohne Grenzen
Internationale Nichtregierungsorganisation (NGO), setzt sich für die Pressefreiheit ein

Rojava
Westkurdistan. Kurdisches Gebiet im Norden Syriens

Rojhilat
Ostkurdistan; kurdisches Gebiet im Westen des Iran

RUDAW
Kurdischer Fernsehsender in der Autonomen Region Kurdistan

Scharia
Islamische Gesetzgebung

Schiiten
Islamische Glaubensrichtung, Anhänger der Schia (»Partei Alis«)

SDF
Demokratische Kräfte Syriens. Syrisches Militärbündnis, NATO-Partner

Serok
Kurdisches Wort für »Oberhaupt« bzw. »Anführer«

Sherfedin
Jesidisches Dorf und zweitwichtigstes Heiligtum der Jesiden

Shingal
Region und Stadt im Irak; Hauptsiedlungsgebiet der Jesiden

Sindschar
siehe Shingal

Sorani
Kurdischer Dialekt, der vor allem in der Autonomen Region Kurdistan gesprochen wird

Sulejmani
Region und Stadt in der Autonomen Region Kurdistan

Sunna/Sunniten
Weltweit am weitesten verbreitete islamische Glaubensrichtung; Anhänger der Sunna (»Tradition des Propheten«)

Suroyo TV
Christlicher Fernsehsender für orientalische Christen

TAK
Türkische Terrorgruppe (»Die »Freiheitsfalken«), die sich von der PKK abgespalten hat

Talabani
Wichtiger Familienclan in der Autonomen Region Kurdistan

Turkmenen
Minderheit in der Autonomen Region Kurdistan. Sogenanntes »Turkvolk«

Völkermord an den Armeniern
Völkermord in den Jahren 1915/16 an den Armeniern, Aramäern, Jesiden und Pontos-Griechen durch die »Jungtürken«; von der Türkei bis heute geleugnet

YPG/YPJ
Volksverteidigungseinheiten gegen den IS, bestehend aus kurdischen Kämpferinnen (YPJ) und Kämpfern (YPG) der syrischen Partei PYD gegen den IS. Verbindungen zur PKK

Zazaki
Kurdische Sprache. Oft verwendet in der Region Dersim

Zoroastrismus
2500 Jahre alte Religion einer Minderheit im Mittleren Osten

PERSONENREGISTER

QUELLEN

LITERATUR

Asadi, Awad: *Der Kurdistan-Irak-Konflikt. Der Weg zur Autonomie seit dem Ersten Weltkrieg.* Berlin 2007.

Aziz, Mahir. A.: *The Kurds of Iraq. Nationalism and Identity in Iraqi Kurdistan.* London, New York 2014.

Deschner, Günter: *Die Kurden – Volk ohne Staat.* München 2003

Flach, Anja: *Revolution in Rojava. Frauenbewegung und Kommunalismus zwischen Krieg und Embargo.* Hamburg 2016.

Gürbey, Gülistan: *Between State and Non-State. Politics and Society in Kurdistan-Iraq and Palestine.* Basingstoke 2017.

Hourani, Albert: *Die Geschichte der arabischen Völker. Von den Anfängen des Islam bis zum Nahostkonflikt unserer Tage.* Frankfurt am Main 1997.

Khalil, Davan Yahya: *Kurdistan.* North Charleston 2013.

Khalil, Davan Yahya: *Kurdistan – Genocide and Rebirth.* North Charleston 2016.

King, Diane E.: *Kurdistan on the Global Stage. Kinship, Land, and Community in Iraq.* New Brunswick 2013.

Marshall, Tim: *Die Macht der Geographie. Wie sich Weltpolitik anhand von 10 Karten erklären lässt.* München 2017.

Minorsky, Vladimir: *Studies in Caucasian History.* Cambridge 1957.

O'Leary, Brendan (Hrsg.): *The Future of Kurdistan in Iraq.* Philadelphia 2005.

Sabio, Oso et. al.: *Rojava. Die Alternative zu Imperialismus, Nationalismus und Islamismus im Nahen Osten.* Münster 2016.

Shelley, Louise I.: *Dirty Entanglements. Corruption, Crime, And Terrorism.* Cambridge 2014.

INTERNETQUELLEN

https://www.planet-schule.de/wissenspool/menschenlandschaften/inhalt/hintergrund/die-kurden-volk-ohne-staat.html, abgerufen am 19.8.2018

https://www.eurasischesmagazin.de/artikel/Kurden-sind-eines-der-aeltesten-Kulturvoelker-Geschichte-und-Hintergruende/21103, abgerufen am 19.8.2018

https://de.qantara.de/inhalt/historiker-maurus-reinkowski-sykes-picot-steht-fuer-die-erlebte-uebermaechtigkeit-des-westens, abgerufen am 11.8.2018

https://diepresse.com/home/zeitgeschichte/4804690/Als-die-Kurden-einen-eigenen-Staat-hatten, abgerufen am 20.8.2018

https://gfbvblog.wordpress.com/2017/06/30/autonome-region-kurdistan-ein-sicherer-hafen-fur-minderheiten/ abgerufen am 10.8.2018

http://www.kas.de/wf/doc/kas_50065-544-1-30.pdf?170918113417, abgerufen am 10.8.2018

https://www.dw.com/de/die-kurden-waren-gut-zu-uns-minderheiten-hoffen-auf-kurdenstaat/a-40700906, abgerufen am 4.8.2018

http://www.taz.de/!5450765/, abgerufen am 3.8.2018

https://ekurd.net/barzani-talabani-law-kurdistan-2018-01-06, abgerufen am 2.8.2018

https://de.wikipedia.org/wiki/Deutsche_Waffenlieferung_an_irakische_Kurden_2014, abgerufen am 2.9.2018

https://www.welt.de/politik/ausland/article151438070/Wie-die-ARD-einen-Waffenhandel-zur-Sensation-macht.html, abgerufen am 1.9.2018

https://www.sueddeutsche.de/politik/kampf-gegen-is-deutschland-liefert-waffen-in-den-nordirak-1.2110964, abgerufen am 1.9.2018

https://www.tagesspiegel.de/politik/drohender-buergerkrieg-im-irak-kurden-koennten-deutsche-waffen-gegen-zentralregierung-einsetzen/20467994.html, abgerufen am 1.9.2018

https://www.neues-deutschland.de/artikel/942163.waffen-an-die-kurden-linke-widersprechen-gysi.html, abgerufen am 2.9.2018

https://www.merkur.de/politik/von-leyen-verteidigt-waffenlieferungen-an-peschmerga-zr-8784614.html, abgerufen am 1.9.2018

https://www.zeit.de/2017/44/kurden-unabhaenigkeit-gescheitert-irak-peschmerga-is/komplettansicht, abgerufen am 15.8.2018 https://www.n-tv.de/politik/Die-Kurden-sind-selbstbewusster-denn-je-article15699336.html, , abgerufen am 30.8.2018

https://www.dw.com/de/schwierige-partnerschaft-der-westen-und-die-kurden/a-43125093, abgerufen am 30.8.2018

https://www.deutschlandfunk.de/kurden-partner-des-westens-gegner-des-westens.1773.de.html?dram:article_id=326721, abgerufen am 30.8.2018

http://www.meri-k.org/publication/turkey-and-the-european-union-conflicting-policies-and-opportunities-for-cooperation/, abgerufen am 2.9.2018

https://www.reporter-ohne-grenzen.de/laender/nahost/irak/alle-meldungen/meldung/rog-bericht-zur-lage-der-pressefreiheit-in-der-kurdischen-region-kaum-unabhaengige-berichterstattun/, abgerufen am 18.8.2018

https://jungle.world/artikel/2018/15/neuer-hoehepunkt-der-einschraenkung-der-pressefreiheit, , abgerufen am 18.8.2018

https://www.reporter-ohne-grenzen.de/syrien/alle-meldungen/meldung/33-journalisten-und-buergerjournalisten-seit-maerz-2011-getoetet/?L=0, abgerufen am 18.8.2018

https://www.dw.com/de/gastkommentar-die-wahrheit-in-syrien-kann-leben-kosten/a-18416289, abgerufen am 3.9.2018

https://de.wikipedia.org/wiki/Roj_TV, abgerufen am 17.8.2018

https://de.wikipedia.org/wiki/Rudaw_Media_Network, abgerufen am 17.8.2018

https://en.wikipedia.org/wiki/Kurdistan_24, abgerufen am 17.8.2018

https://de.wikipedia.org/wiki/Kurdistan_TV, abgerufen am 17.8.2018

https://www.facebook.com/RonahiTvOfficial/, abgerufen am 17.8.2018

https://www.zeit.de/2012/33/Irak-Kurdistan-Wirtschaftswachstum/komplettansicht, abgerufen am 26.8.2018

http://www.taz.de/!5038790/, abgerufen am 26.8.2018

https://de.wikipedia.org/wiki/Autonome_Region_Kurdistan#, abgerufen am 16.8.2018

https://newsv2.orf.at/stories/2408491, abgerufen am 5.9.2018

https://drive.google.com/open?id=1M8gcWbPfOkumL3POM_afWJs6PgODM159, abgerufen am 11.9.2018

https://www.zeit.de/2017/37/kurdistan-volk-unabhaengigkeit-land, abgerufen am 12.9.2018

https://www.epochtimes.de/politik/deutschland/nicht-sein-zustaendigkeitsbereich-kurdische-gemeinde-kritisiert-gabriels-aeusserung-zu-unabhaengigkeit-a2139053.html, abgerufen am 27.8.2018 https://www.welt.de/debatte/kommentare/article169211507/Lassen-Sie-uns-Kurden-nicht-im-Stich.html, abgerufen am 29.8.2018

https://www.heise.de/tp/features/Nordirak-Was-bedeutet-das-Referendum-fuer-wen-3848533.html?seite=all, abgerufen am 6.9.2018

https://de.wikipedia.org/wiki/Recep_Tayyip_Erdoğan#Beziehung_zur_autonomen_Region_Kurdistan_im_Irak, abgerufen am 11.9.2018

https://www.focus.de/politik/ausland/kurden-votum-warum-erdogan-mit-kriegs-drohung-an-nordirak-sein-eigenes-pulverfass-hochgehen-laesst_id_7653254.html, abgerufen am 15.9.2018

https://www.zeit.de/politik/ausland/2015-04/erbil-boom-kurden-peschmerga/komplettansicht, abgerufen am 7.8.2018

https://www.mena-watch.com/tuerkei-verschwoerungstheorien-ueber-kurdistan-und-israel/, abgerufen am 9.8.2018

https://www.dasbiber.at/content/böse-kurden-gute-kurden, abgerufen am 20.8.2018

https://de.wikipedia.org/wiki/Kurdische_Staatsgründungsbestrebungen, abgerufen am 10.9.2018

http://www.fb03.uni-frankfurt.de/61285772/DSFraMoV02-NET-Kurdistan-31.pdf, abgerufen am 10.9.2018

https://www.welt.de/politik/ausland/article112666625/Der-kurdische-Traum-vom-eigenen-Staat.html, abgerufen am 10.9.2018

https://www.zeit.de/2018/05/kurden-usa-sorge-angriffe-syrien-tuerkei-rex-tillerson, abgerufen am 12.9.2018

https://www.nzz.ch/international/naher-osten-und-nordafrika/die-angst-vor-dem-dornbusch-1.18408537, abgerufen am 30.8.2018

https://www.welt-sichten.org/artikel/32291/kampf-um-kurdistan, abgerufen am 31.8.2018

http://www.taz.de/!5034562/, abgerufen am 16.9.2018

http://www.freeocalan.org/wp-content/uploads/2012/09/Abdullah-Öcalan-Demokratischer-Konföderalismus.pdf, , abgerufen am 2.9.2018

https://de.wikipedia.org/wiki/Demokratischer_Konföderalismus, , abgerufen am 27.8.2018

https://www.heise.de/tp/features/Das-Modell-Rojava-3367894.html?seite=all, abgerufen am 10.8.2018

https://www.sueddeutsche.de/politik/volk-ohne-staat-ein-traum-von-kurdistan-1.2585734-4, abgerufen am 12.8.2018

http://www.spiegel.de/politik/ausland/iran-reklamiert-raketenangriff-auf-kurden-im-irak-fuer-sich-a-1227236.html, abgerufen am 15.8.2018

http://www.bpb.de/internationales/weltweit/innerstaatliche-konflikte/54641/kurdenkonflikt, abgerufen am 15.8.2018

https://derstandard.at/2000065339838/Iran-Manoever-bei-Kurdengebiet, abgerufen am 15.8.2018

https://www.t-online.de/nachrichten/ausland/id_82243696/irak-iran-und-tuerkei-drohen-kurden-mit-gegenmassnahmen-.html, abgerufen am 2.9.2018

https://www.jungewelt.de/artikel/339745.iran-schlag-gegen-kurden.html , abgerufen am 26.9.2018

https://www.n-tv.de/politik/Das-doppelte-Spiel-des-Iran-article18967656.html

http://www.haz.de/Nachrichten/Politik/Deutschland-Welt/USA-will-iranischen-Einfluss-im-Irak-einschraenken, abgerufen am 13.9.2018

https://www.br.de/nachricht/die-rolle-des-iran-im-nahen-osten-100.html, abgerufen am 19.8.2018

http://www.faz.net/aktuell/politik/ausland/warum-mischt-sich-iran-ueberall-im-nahen-osten-ein-15598283.html, abgerufen am 7.9.2018

http://jer-zentrum.org/ViewBlog.aspx?ArticleId=183, abgerufen am 12.9.2018

https://www.zeit.de/politik/ausland/2017-09/kurden-referendum-nordirak-tuerkei-iran, abgerufen am 19.9.2018

http://www.spiegel.de/politik/ausland/iran-gefaehrlicher-siegeszug-im-nahen-osten-a-1176794.html, abgerufen am 19.9.2018

https://de.nachrichten.yahoo.com/kommentar-terrorstaat-iran-und-branddirektor-donald-trump-134146649.html, abgerufen am 19.9.2018

Rainer Hermann: Wurzel des Nahostkonflikts. 100 Jahre Sykes-Picot-Abkommen. faz.net, abgerufen am 18.8.2018

Thomas Gutschker: Warum mischt sich der Iran überall im Nahen Osten ein?, faz.net, aufgerufen am 10.9.2018

http://duepublico.uni-duisburg-essen.de/servlets/DerivateServlet/Derivate-10382/Skubsch%20062.pdf, Universität Duisburg-Essen, abgerufen 20. 8.2018 (PDF).

https://www.bmeia.gv.at/reise-aufenthalt/reiseinformation/land/irak/, abgerufen am 19.9.2018

ÜBER DEN AUTOR

Tobias Huch ist Publizist und Journalist, spezialisiert auf den Mittleren Osten und sicherheitspolitische Themen. Als der Islamische Staat die Kurdengebiete im Nordirak überfiel, gründete der Ex-Politiker die Hilfsorganisation »Liberale Flüchtlingshilfe e. V.« und brachte unter Lebensgefahr notwendige Hilfsgüter zu den Flüchtlingen im Irak und in Syrien. Er bewies zahlreiche Kriegsverbrechen der türkischen Armee in der Region und dokumentierte auf Facebook (300 000 Fans) die Zerstörung der christlich-kurdischen Stadt Nusaybin.